中国旅游发展年度报告书系
Annual Development Report of China's Tourism

中国出境旅游发展年度报告 2013

ANNUAL REPORT OF CHINA OUTBOUND TOURISM DEVELOPMENT 2013

中国旅游研究院

北京·旅游教育出版社

责任编辑：孙延旭

图书在版编目(CIP)数据

中国出境旅游发展年度报告.2013/中国旅游研究院著.—北京：旅游教育出版社，2013.2

ISBN 978-7-5637-1749-1

Ⅰ.①中… Ⅱ.①中… Ⅲ.①出入境—旅游—研究报告—中国—2013 Ⅳ.①F592.3

中国版本图书馆 CIP 数据核字(2013)第 029876 号

中国出境旅游发展年度报告 2013

中国旅游研究院　著

出版单位	旅游教育出版社
地　　址	北京市朝阳区定福庄南里 1 号
邮　　编	100024
发行电话	(010)65778403 65728372 65767462(传真)
本社网址	www.tepcb.com
E - mail	tepfx@163.com
印刷单位	北京中科印刷有限公司
经销单位	新华书店
开　　本	787mm×1092mm　1/16
印　　张	9.25
字　　数	128 千字
版　　次	2013 年 2 月第 1 版
印　　次	2013 年 2 月第 1 次印刷
定　　价	50.00 元

(图书如有装订差错请与发行部联系)

《中国出境旅游发展年度报告》编辑委员会

主 任 委 员	杜　江	国家旅游局副局长　教授　博士
	祝善忠	国家旅游局副局长
副主任委员	李世宏	国家旅游局旅游促进与国际合作司　司长　博士
	戴　斌	中国旅游研究院院长　教授　博士
	张新红	国家旅游局旅游促进与国际合作司　副司长
	熊山华	国家旅游局旅游促进与国际合作司　副司长
编　　委	徐海军　夏少颜　蒋依依　马仪亮	

《中国出境旅游发展年度报告》编写组

主　　编	戴　斌	中国旅游研究院院长　教授　博士
	李世宏	国家旅游局旅游促进与国际合作司　司长　博士
执行主编	蒋依依	中国旅游研究院国际旅游研究所负责人　副研究员　博士
	徐海军	国家旅游局旅游促进与国际合作司市场调研处　处长　博士
成　　员	马仪亮　杨劲松　杨丽琼　李创新　宋慧林　李仲广　杨宏浩	
	宋越平	

前 言
FOREWORD

可以说，2012年是中国出境旅游发展具有转折意义的一年。8 318.27万人次的出境规模在世界上已位居第一，约980亿美元的旅游服务贸易出口所表征的出境消费能力，也已超过美国与德国。可以说，中国已经成为世界第一大出境旅游市场及出境旅游消费国。中国出境市场快速增长来自于中国的人口红利。作为一个拥有十三亿人口的国度，庞大的人口基数决定了巨大的出游需求。同时，来自于中国的政策红利。我国经济社会发展持续稳定，旅游主管部门对于出境旅游发展一直以来没有采取任何限制性的政策。

伴随着出境市场的迅速增长，以及入境市场增长趋于稳定，我国旅游业由原来重要创汇行业，成为服务贸易中逆差集中的主要领域。2009—2011年旅游贸易逆差总额372亿美元，2012年旅游贸易逆差可能达到497亿美元。对于旅游服务贸易逆差迅速扩展的态势，需要充分认识到，逆差属于趋势性的客观存在。随着国家富裕程度、三次产业演进以及区域人口密度由低向高发展，旅游产业由创汇产业向耗汇产业转变的可能性也大为提升。德国2011年的旅游服务贸易逆差高达454亿美元。包括英国、日本、俄罗斯、巴西在内的发达国家与发展中国家均存在较大的旅游服务贸易逆差。同时，旅游服务贸易逆差的产生也是有效缓解我国巨大贸易顺差，消减与我国主要贸易伙伴贸易摩擦的有效手段。出境市场增长所释放的善意也为我入境市场的发展争取了有利的外部空间。欧盟、美国、日本、中国香港等国家与地区，既是中国内地货物贸易的主要出口地，也是旅游服务贸易进口的主要目的地。不断增长的中国游客及其强劲的消费能力促进了目的地国家与地区旅游业及相关行业的发展，并带动了大量的当地就业。这一作用在世界经济整体不景气的宏观背景下，意义更为凸显。

出境旅游市场政策还事关入境旅游和出境旅游协调发展目标的实现和人民群众特别是广大游客的满意程度。因此，采取诸如出境旅游消费税等限制性产业政策，从局部、短期来看，似乎是合理的，但是从全局、长期的战略视角看，不仅会违背世界旅游发展的宗旨与目标，而且可能引发新一轮的旅游贸易保护，更多目的地国家与地区的仿效将对中国的入境旅游发展造成不可预计的负面影响。因此，对于出境旅游市场政策的调整要考虑正当性、可操作性和可能效应。

出境旅游发展年度报告是从2003年就开始出版的连续性报告，全面反映了中国出境旅游的影响因素、市场状况、消费特征、产业走向以及区域格局，力图让境内外旅游主管部门、相关旅游企业与研究机构能够获得中国出境旅游发展方面的全面而深入的信息，对其经营管理、政策制定、发展战略、教学研究等方面提供有益的参考。

为了体现报告的权威性与专业性，自2008年开始，该报告由国家旅游局旅游促进与国际合作司委托中国旅游研究院组织人员编制。为使境外读者方便阅读，报告从2009年开始出版中英文双版。报告在延续调查方案与研究范式的基础上，一直在进行不断完善与创新。

本报告由导言和五章组成。导言对我国2012年出境旅游发展概况进行了简要介绍。第一章对影响2012年出境旅游市场的因素进行了全面分析。第二章对2012年市场变动影响下的出境旅游产业主体运营状况进行了分析。第三章对中国出境旅游消费市场特征进行了全面分析。第四章对华北、华东、华南与西南市场中的典型城市进行了分析。第五章预测了2013年出境旅游发展的状况并且对政府、企业与旅游目的地等相关主体提出了政策建议。

整个项目由杜江教授与戴斌教授提出研究框架，经课题组全体成员讨论后形成包括问卷设计、访谈提纲、调研组织在内的年度工作方案。从2010年开始，市场调研的对象扩展到北京、上海、广州、重庆、成都、西安、沈阳与杭州8个口岸城市，调研频率从季度调查改为月度调查。工作组在对各典型城市的地方旅游主管部门以及代表性出境游组团社进行实地调研基础上，结合市场调研与境内外数据收集整理，并经多次讨论修订，形成终稿。各分报告的主要执笔人分工如下：导言，蒋依依；第一章，杨劲松；第二章，宋慧林、马仪亮；第三章，马仪亮；第四章，马仪亮、杨劲松、宋慧林、张敏；第五章，蒋依依。

我们期待着出境旅游年度报告与中国的出境旅游共同成长，为市场、产业与研究的理性成长贡献更大力量。

目录
CONTENTS

导言　2012年中国出境旅游发展概况 …………………………………… 1

第一章　2012年中国出境旅游市场环境分析 ………………………… 7
 第一节　2012年出境旅游的经济环境特征 ……………………… 8
 第二节　2012年出境旅游的政治环境特征 ……………………… 21
 第三节　2012年出境旅游其他市场环境特征 …………………… 23

第二章　2012年中国出境旅游市场结构与消费特征 ………………… 27
 第一节　市场结构 ………………………………………………… 28
 第二节　总体分析 ………………………………………………… 31
 第三节　主要目的地消费特征 …………………………………… 41
 第四节　出境游客满意度分析 …………………………………… 70

第三章　2012年中国出境旅游产业运营特征 ………………………… 73
 第一节　出境旅游产业主体基本面 ……………………………… 74
 第二节　出境旅游产业主体市场运营态势 ……………………… 81
 第三节　出境旅游产业的主体产品开发与创新 ………………… 85

第四章　典型区域的发展特征 ………………………………………… 87
 第一节　华北市场 ………………………………………………… 88
 第二节　华东市场 ………………………………………………… 97
 第三节　华南市场 ………………………………………………… 107
 第四节　西南市场 ………………………………………………… 112
 第五节　典型城市出境市场比较 ………………………………… 126

第五章　2013年我国出境旅游发展的趋势与建议 ………………… 135
第一节　2013年我国出境旅游的发展趋势 ……………………… 136
第二节　我国出境旅游发展建议 ………………………………… 137

导　言
2012年中国出境旅游发展概况

一、世界第一大出境市场与消费群体形成

1. 人口红利与政策红利推动出境旅游规模持续扩展

作为一个拥有十三亿人口的国度，庞大的人口基数决定了巨大的出游需求。在我国经济社会稳定发展，特别是旅游主管部门对于出境旅游一直以来没有采取任何限制性政策的宏观背景下，中国出境市场规模得到持续快速扩展。2012年，我国与周边国家在领土问题上的争端，中东与北非的地区动荡都丝毫没有动摇中国游客日趋刚性的出境意愿，目的地签证政策的不断宽松使中国游客有了更多的替代选择。2012年，出境旅游人次数为8 318.27万人次，同比增长18.41%。就绝对数量而言，中国出境市场已经超过德国（预计7 400万人次）与美国（预计6 200万人次），成为世界第一大出境旅游市场。

2. 目的地消费环境改善促进出境旅游消费能力快速提升

在中国出境市场规模持续扩展促动下，各目的地纷纷以购物为重点提升对中国游客的服务能力。加上人民币持续升值以及境外免退税政策的相对完善，中国的出境旅游消费能力快速提升。2012年1~3季度，中国旅游服务贸易进口为769亿美元，预计全年为980亿美元。该数据所表征的中国出境旅游消费能力，将超过德国（世界旅游组织数据，880亿美元）与美国（预计860亿美元）。在一定意义上，世界第一大出境消费群体已经在中国形成。由于入境市场的增长相对放缓，旅游服务贸易进出口之间的剪刀差导致了贸易逆差的进一步扩大，2012年旅游贸易逆差可能达到497亿美元。

3. 对促进目的地社会经济发展发挥重要作用

不断增多的中国游客及其强劲的消费能力为目的地国家与地区旅游业及相关行业的发展，特别是为带动当地就业带来了生机。这一作用在世界经济整体不景气的宏观背景下，意义更为凸显。根据澳大利亚旅游研究所的预测，2012年中国游客将为澳大利亚创造近42亿澳元的经济价值，并将进一步带动奶粉、蜂蜜、红酒等本土产品的生产和销售。根据美国商务部数据，平均每个中国游

客在美国的消费额为6 000美元,高于世界其他国家游客4 000美元的平均消费额。中国出境市场对目的地社会经济的促进作用也进而为签证、中文服务等外部环境的改善赢得了空间。

4. 对促进我国与世界旅游经济发展发挥了重要作用

由于出境旅游发展的滞后,我国三大市场的比例曾经存在着出境旅游市场长期缺位的现实。出境旅游的高速增长作为在小基数基础上的高速增长,促进了三大市场向平衡的回归,标志着我国旅游经济体系开始走向平衡发展。2012年,世界旅游主要客源地美国、欧洲经济状况持续低迷及失业率高企。而我国出境旅游不仅引领了亚太目的地国家与地区旅游业的回升,在世界旅游平稳发展中也功不可没。尽管由此引发了旅游服务贸易逆差的不断攀升,但释放的善意也越来越为世界所认同。

二、内外部环境推动市场消费更加趋于理性

1. 目的地国家与地区由快速增长期向平稳增长期过渡

随着与中国政府签订ADS协议国家和地区的不断增多,已基本覆盖世界主要的旅游目的地,占与我国建交172个国家的81.39%,我国每年目的地国家与地区的增长已经从快速增长向平稳增长过渡。2012年正式实施开放的旅游目的地达到114个,仅较2011年增加3个。目的地增长的平稳,加上多次出境游客数量的增多,使部分中国游客开始更加重视对于目的地的深度体验与探索。

2. 目的地地区开始实施以品质代替数量的相关政策导向

中国游客数量的增长对于有些目的地而言,似像一把双刃剑。大量游客到访促进了目的地经济的发展,并随之带动了就业增长。但同时也伴生了低价竞争,以及居民会产生对于游客过多是否会打扰生活、抬高物价,造成交通拥堵,甚至败坏社会风气的担忧。就像硬币一般,任何事物都有正反两面,旅游的发展自然也会带来一些负面的影响。为使正面影响最大化而让负面影响最小化,包括中国台湾在内的目的地正在通过严格执行每日游客上限等数量管制的方式,力图在数量与质量之间寻求平衡。相关政策的出台在一定程度上会保障中国游客在目的地旅游的品质,提升游客的满意程度。

3. 出境规模的持续扩展催生消费需求的明显分层

在2012年超过8 000万的出境游客当中,虽然仍有58.9%的游客为首次出

境，但这个数据与2011年相比已经下降了4.66%，超过40%的多次出境游客已经推动了整个消费需求的明显分级。根据2011年全国旅行社统计调查公报的数据，7 025万出境人次中，有2 021.92万通过出境游组团社出行，这意味着超过70%的出境游客并没有依靠无论是传统还是在线的旅行社提供服务。游客需求不仅从原来的观光旅行变成商务旅行、度假旅行等多种类型，出行方式也从原来多参加团队，发展到现在家庭式的小包团，以及自由行等多种形式。从而也对相关的服务体系提出了新的要求。

4. 带薪休假制度执行率的提高使出游时间更加分散

黄金周旅游价格高企，使出游成本上升，以及带薪假期的推动为出境游创造了更好的外部条件。另一方面，旅行社在国庆或春节黄金周期间可以获取的资源价高且量少，操作的成本和难度都明显增加。两方面原因共同作用，使越来越多的游客选择错峰出游，且更加理性地选择性价比更高的旅游产品。随着带薪休假制度执行率的提高，出境游的时间峰值将呈现更加明显的平稳性。

5. 高端消费明显下降，使出境消费更趋平民特征

根据中国旅游研究院的调查，花费在5 000元以上的游客比例明显下降。导致这一结果的既有旅游目的的理性化，以美国为例，虽然购物仍然是中国游客赴美旅游最主要的目的，但与前一年相比，选择购物为目的的游客比例已下降6.8个百分点，而与之相应的，休闲娱乐等目的上升了5个百分点。同时，也有购物结构的理性化，以香港为例，内地游客已经从过去的购买奢侈品转向购买更为实用和大众化的货品，也令购物消费在总消费中的比例从2011年的35.4%滑落到30.7%。当然，这其中也有游客规模迅速扩大之后，机票、酒店等采购成本下调的原因。

三、产业发展向客源主导型与资本主导型转化

1. 由资源主导型竞争向客源主导型竞争过渡

旅行社的包价旅游产品生产链可分为：游客—零售终端—渠道商—组团社—批发商—供应商—地接社—资源方。长期以来，与国内旅游或入境旅游业务一样，在出境旅游业务运作中，很多旅行社，特别是实力较为突出的出境组团社往往通过掌控机位、酒店客房、邮轮舱位等，以资源的垄断来获得客源组织上的优势。随着市场消费形态的不断成熟，出境旅游逐渐由卖方市场转向买

方市场，游客在旅游产品生产链中的基础性作用越来越明显。可以说，有客源方可盘活资源。毫无疑问，谁垄断了客源，谁就能在激烈的市场竞争中掌控充分的话语权，从而拥有难以替代的市场地位。因此，与之前通过掌握资源以吸引客源的竞争法则不同，目前的竞争格局已经前移，转变为通过收取客源以掌控资源。以市场话语权来争夺在产业链上优势的时代正在到来。正因为如此，越来越多的出境批发商从幕后走向幕前，通过开设门店与分社，签署委托代理旅行社，成立区域性子公司等方式不断扩充渠道。包括凯撒国旅、广之旅在内等多个旅行社每年投入高达数千万元的广告进行品牌营销，宝中旅游强势设立连锁门店，就连携程、艺龙以及同程等这样一些在国内排名靠前的电商，都纷纷进驻淘宝，其目的也是为了加强对线上线下各种渠道的掌控能力，进而加强对客源的把握。

2. 资本力量推动出境产业创新性革新

由于出境市场的高成长性，以及利润率的相对高企，资本市场对出境游业务频频关注。2011年年初，海航旅业率先出手，以数亿元巨资拿下了凯撒旅游的大部分股权。2012年7月，证监会发审委审核批准了众信国旅的首发申请，允许其发行1 700万股，募集资金1.49亿元投入实体营销网络建设项目等。同年10月，凤凰旅游获得联想控股旗下的君联资本数亿元资金注入。加上之前佰程旅行网得到泰山创投的资金支持，汉能资本介入太美旅行与携程战略重组，可以说，国内最有代表性的出境游组团社均已参与到资本盛宴中。长期以来，如何进行包括上下游资源的整合、如何进行服务模式的调整与创新、如何实现资金与品牌的"走出去"，都是出境游组团社难以突破的领域，相信资本的力量，将使出境游组团社在资源整合、运营能力以及服务能力的提升方面发挥重要作用，也有助于推动整个出境旅游行业的发展。

3. 产业发展模式的不断突破与回归

不可否认，近年来携程、去哪儿、芒果网、同程网、艺龙、乐途网、驴妈妈、途牛、逸游网、酷讯、真旅网、到到网、遨游网等在线服务商的快速崛起，已然成为旅游业壮大发展的重要力量。而为了将线上旅游产品更加完整地落地，包括携程在内的许多电商加快步伐收购传统旅行社，并在目的地服务体系打造方面不遗余力。与此相比，越来越多的传统旅行社认识到旅游电子商务的发展前景，也纷纷加紧建立自己的电子商务板块，以防在未来的竞争当中处于劣势。如上海中旅2012年新成立了"差旅管理中心"，计划投入500万元大力发展旅游电子商务。然而，经过几年的线上线下相向发展，无论线上旅游企业还是线下旅游企业，都难以在对方的优势领域有突出的作为。如前几年很多出境组团社还在组建电子商务部、建立电子商务网站等方面大举投入，大有旅游电子商务"大跃进"之势，如今多数旅行社更加清醒和理性地认识到各自的所长和所短，加之线上发展的投入难以获得相匹配的回报，扩大投入的热情逐渐降温。同样，线上企业因在从游客到零售终端，再到资源方的全产业链整合上不具备优势，除了在股权收购上有所进展外，并没能将其品牌价值、企业整体实力和线上优势转化为令人鼓舞的线下生产力。

4. 外资企业通过渠道加快对中国出境市场的渗透

全球最大的 OTA Priceline 已经在 75 个国家设立了办事机构，在中国市场的拓展基本依靠旗下的两个主要品牌——Booking.com 和 Agoda。但长期以来，中国市场对于 Booking.com 和 Agoda 的品牌认知程度有限。因此，Booking.com 携手携程，以便借助携程在中国的用户资源。同样，HomeAway 与途家网合作，希望借此提升在中国市场的占有率。

第一章
2012年中国出境旅游市场环境分析

2012年，我国经历了经济增长速度下滑和人民币大幅升值的严峻考验，也见证了出境旅游继续狂飙突进的历史性进程。《旅游法（草案）》讨论稿的出台，为出境旅游的健康快速发展提供了制度层面的有力支撑。尽管中菲南海风波、中日钓鱼岛争端给我国的出境旅游平添变数，但在国家旅游主管部门和产业界的配合以及积极应对下，风险得到了有效的控制，更加健康和更具影响力的出境游市场牢牢锁定了世界的目光。

以2011年度模型为基础，结合意见反馈和最新研究进展，本章首先对影响我国出境旅游的主要环境因素进行辨析，应用PLS回归方法简要检验了影响出境旅游的主要环境因素，分析主要因子对出境规模的影响以及作用方式。

通过对1998—2012年相关变量的变量相关性检验、多重共线性检验、序列相关检验和残差分布正态性检验，得出我国出境旅游规模的影响因素和作用机制。主要影响因素有人均GDP、人均可支配收入、与主要国际货币的汇率、CPI、银联开通国家数量和我国国内旅游规模。经济因素是最主要因素，经济形势、收入状况和影响游客成本的相关指标与居民出境旅游规模密切相关。出境旅游交通状况和便利设施对出境旅游的发展也有一定影响。

第一节 2012年出境旅游的经济环境特征

一、人均收入水平进一步提升，奠定出境旅游基础

2012年1~3季度全国生产总值绝对额为353 480亿元，比2011年1~3季度增加32 788亿元，同比增长7.7%。2012年上半年城镇居民家庭人均总收入13 679元，其中，城镇居民人均可支配收入12 509元，增速可观。国内生产总值持续增长，城乡居民收入大幅提升，为出境旅游的发展奠定了良好的基础（如图1-1所示）。

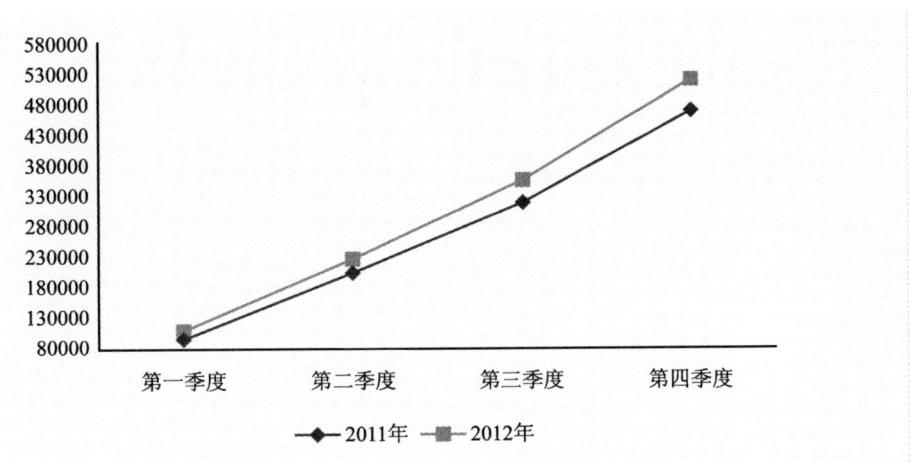

图 1 – 1　2011 年、2012 年中国 GDP 季度变化比较图

注：引用国家统计局 2012 年国内生产总值（GDP）初步核算情况。

在模型中，人均 GDP 的系数符号为正号，表明与旅游出境人数成正比关系。我国人均 GDP 每增加 1%，出境旅游人数就增加 0.97%。人均可支配收入的系数符号为正号，与旅游出境人数成正比关系。表明我国人均 GDP 每增加 1%，出境旅游人数就增加 1.15%。

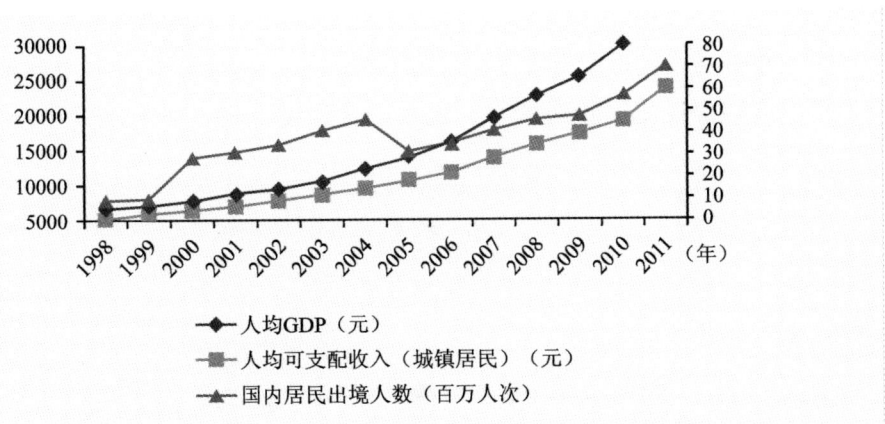

图 1 – 2　1998—2011 年人均 GDP、人均可支配收入和国内居民出境人数变化比较

二、人民币汇率持续攀高,刺激出境旅游消费

一方面,国内通胀压力有所缓解。2012年CPI指数从全年来看有所下降,与2011年CPI指数相比,呈现大幅度下降的趋势。这表明居民的生活成本下降,居民可以用于消费的货币逐渐增多,对居民的出境旅游有较大的推动作用。

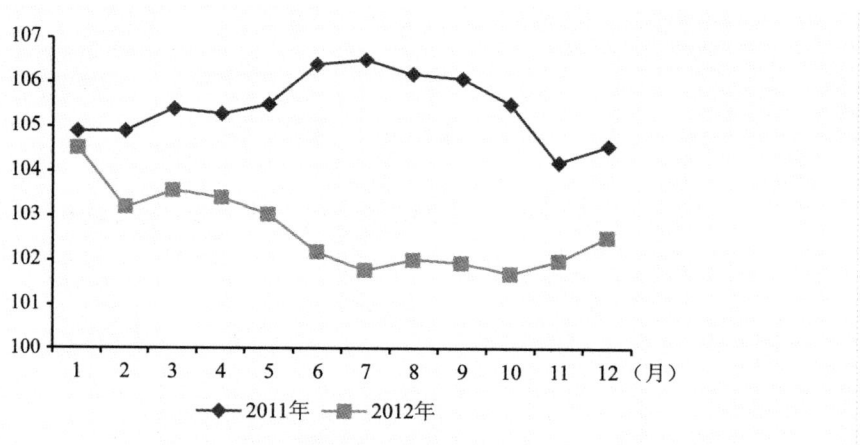

图1-3 2011—2012年各月份CPI指数变化比较图

另一方面,人民币实际汇率指数走高,表现为人民币的本币升值,使得中国公民出境游价钱变得相对便宜,也在一定程度上促进了出境游市场的增长。

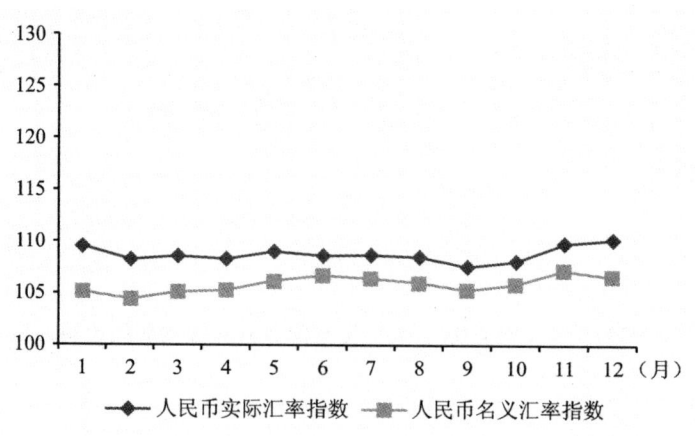

图1-4 2012年各月份人民币有效汇率变化图

两因素的共同作用提升了我国游客对出境产品的购买力。在模型中，CPI的系数符号为正号，表明与旅游出境人数成正比关系。我国人均CPI每增加1%，出境旅游人数就增加15.93%。汇率的系数符号为负号，与旅游出境人数成反比关系。表明美元相对人民币贬值促进了我国出境旅游。美元相对人民币每贬值1%，出境旅游人数就增加4.42%。

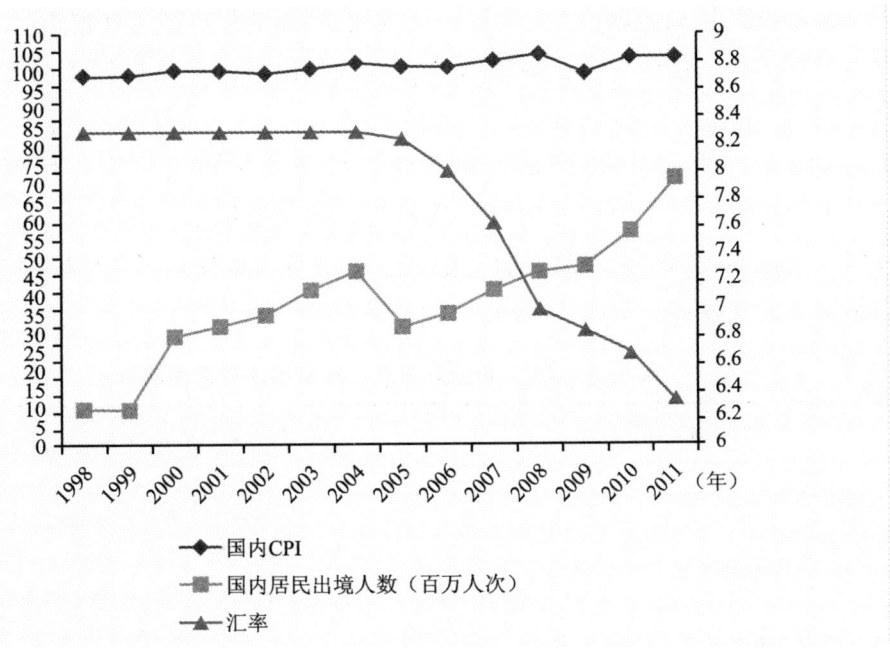

图1-5　1998—2011年CPI、汇率和国内居民出境人数变化比较

三、陆、空线路扩展，为出境旅游创造更多机会

截至2012年10月，全国高铁线路有京津、京沪、武广、郑西、福厦、沪宁、沪杭、成灌、昌九、长吉、东环、石武、京石、京广、京福、合福、沪昆、广深、成渝、厦深、渝黔、贵广、京哈、哈大、京沈、杭甬、合蚌、汉宜28条，涉及全国26个城市，另外，宁波—杭州线和天津—石家庄线计划年底完成。

广泛的高铁覆盖网络促进了区域旅游的无障碍发展,使沿线城市通往口岸城市的交通更为便捷。例如,沪宁、沪杭、宁杭三条高铁线路的开通形成长三角"一小时旅游圈",福建动车沿线城市游客接待量大幅增长。

2012年随着京港澳高铁的逐段开通,尤其是京深段(北京—深圳)的年底通车,河北省旅游业正面临新的机遇和挑战。2012年9月河北省牵头组织并加入"京港澳高铁旅游联盟",以打造京港澳高铁沿线7省(直辖市)31市的旅游市场一体化。这些为整合高铁沿线国内游与出境游产品提供了制度土壤和创新空间。

实际上,国际航班网络的日臻完善在促进出境旅游方面作用更大。2012年,中国与世界的空中交通网络发展迅速,国际航线数量继续增长,此外,部分原有航班班次加密,尤其是直飞航班,更加有力地促进了2012年出境旅游市场结构多元化发展(见表1-1)。

表1-1 2012年部分新开、新增航线和新增航班

航空公司	部分新开/新增航线/航班
中国国际航空公司	北京—冲绳 温州—台北 上海—成都—孟买 北京—伦敦(盖特维克)北京—海拉尔—赤塔 杭州—大阪
中国南方航空公司	广州＝伦敦 乌鲁木齐—马什哈德 广州—洛杉矶 广州＝沙巴哥打基纳巴卢 乌鲁木齐—塔什干 乌鲁木齐＝阿斯塔纳 武汉＝济州 广州＝马尔代夫(复飞)

续表

航空公司	部分新开/新增航线/航班
中国东方航空公司	淮安＝香港 北京＝南京＝悉尼 昆明—岘港 昆明—河内 昆明—金边 昆明—琅勃拉邦 北京＝塞班 上海＝胡志明市 连云港＝香港 温州＝首尔 杭州＝济州、宁波＝济州 上海＝澳大利亚凯恩斯 丽江＝昆明＝香港 武汉＝高雄
中国海南航空公司	北京＝西雅图 大连＝西雅图 大连＝合肥＝曼谷 杭州＝海口＝新加坡 太原＝海口＝新加坡 北京＝芝加哥 深圳＝悉尼 北京＝阿布扎比＝罗安达
中国厦门航空公司	厦门＝首尔
中国吉祥航空公司	上海—日本冲绳

注:"—"表示单程开通,"＝"表示双程开通。
资料来源:根据相关网站数据整理。

在模型中,铁路里程的系数符号为正号,表明与旅游出境人数成正比关系。我国铁路里程每增加1%,出境旅游人数就增加4.30%(如图1-6所示)。

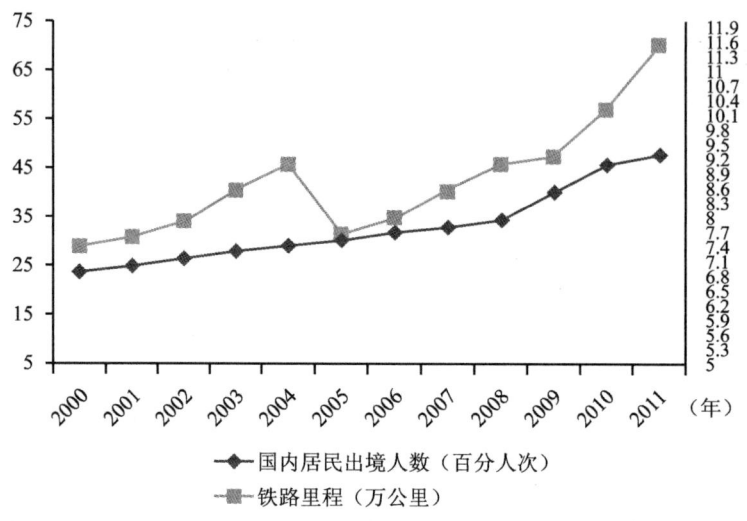

图 1-6　2000—2011 年铁路里程和国内居民出境人数变化比较

四、航空燃油费上涨对出境游不利

2012年上半年，航空燃油附加费处于低价位状态，2012年9月航空煤油进口到岸完税价格为每吨7 582元，相比8月份上涨718元，涨幅为10.46%。作为燃油消费者的国内航空公司的燃油成本也将相应上涨。油价的持续攀高给出境旅游环境造成了不利的影响（见表1-2）。在模型中，油价（燃料动力指数）与旅游出境人数不存在显著关系（如图1-7所示）。

表 1-2　2012 年主要国际航空公司调整国际航线燃油费情况

航空公司	燃油费调整时间	调整航线	额度（/航段/位）
中华航空公司	2012 年 4 月 1 日	离/到香港航班	每段燃油附加费由 230 元港币（29.5 美元）调涨至 48 港币（31.8 美元）
		大陆—台湾之间直航航班	每段燃油附加费维持 36 美元
		TC3 and AU/NZ/TC1/TC2 之间航班	每段燃油附加费由 103.7 美元调涨至 113.3 美元

续表

航空公司	燃油费调整时间	调整航线	额度（/航段/位）
中华航空公司	2012年4月1日	TC3之间航班（除了离/到香港航班，TPE—AU/NZ/CN之间航班及TPE—KHH之间航班）	每段燃油附加费维持7.8美元不变
中国海南航空	2012年3月26日	北京—布鲁塞尔、北京—柏林和北京—苏黎世航线每航段每位旅客燃油附加费收取标准	由1 000元人民币调整为1 150元人民币
澳洲航空公司	2012年4月1日	所有的澳洲航空机票	进出香港的燃油税从原来的1 039港币上调至每段1 132港币
印尼鹰航空公司	2012年4月1日	上海—雅加达	60美元
		北京—雅加达	70美元
		广州—雅加达	50美元
		悉尼/墨尔本—雅加达/巴厘岛	75美元
		珀斯—雅加达/巴厘岛	45美元
中国东方航空公司	2012年4月1日	香港至内地	由230港币调整至245港币
		内地至香港	由188元人民币调整至203元人民币
文莱皇家航空公司	2012年6月1日	香港飞往文莱	上调31港币
		从香港转机文莱的长程航线	上调74港币，短程航线也将上调31港币
阿提哈德航空公司	2012年6月1日	经济舱	增收10美元
		公务舱	增收20美元
		头等舱	增收30美元
大韩航空和韩亚航空	2012年6月15日	从中国大陆出发，飞往美洲、欧洲国际航线	从原来的800元人民币上调至每段1 000元人民币
美国联合航空	2012年5月17日	中国至美国跨太平洋航线	调整幅度从86元人民币至200元人民币不等
香港快运航空公司	2012年6月1日	北京飞伦敦	从149.9美元下调至32.8美元

资料来源：根据相关网站数据整理。

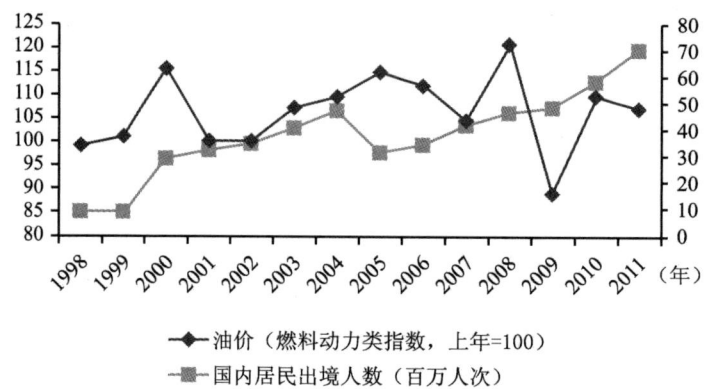

图1-7 1998—2011年燃料动力类指数和国内居民出境人数变化比较

五、国内旅游强劲发展助推出境旅游

2011年，国内旅游人数突破26亿人次，国内旅游收入突破19 300亿元。2012年国内旅游人数有望达到31.3亿人次的空前规模。国内旅游的强劲增长，为出境旅游发展稳固了基础，并开创了广阔的市场空间。

在模型中，国内旅游人数的系数符号为正号，表明与旅游出境人数成正比关系。我国国内旅游人数每增加1%，出境旅游人数就增加1.18%（见图1-8）。

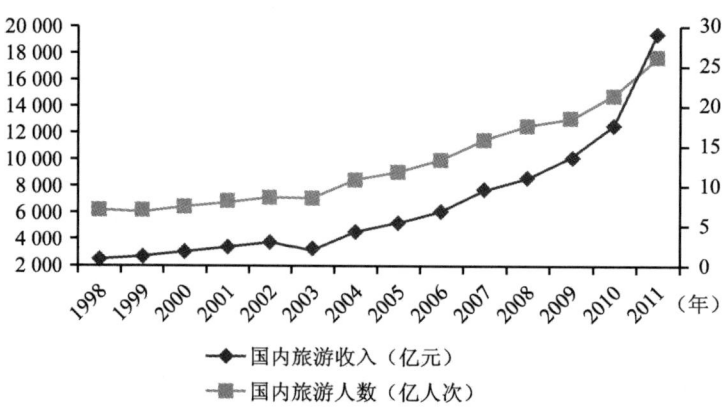

图1-8 1998—2011年国内旅游收入和国内旅游人数变化比较

六、支付平台日趋便利加快出境旅游步伐

随着中国出境旅游人数的不断增加以及金融服务的发展，国内、国际支付平台共同看好并进驻中国境外支付市场，当前主要有三大境外支付平台：中国银联、VISA 和 MASTER，此外，支付宝等新兴支付平台也秣马厉兵，已进入支付体验阶段。可以说，2012 年中国进行公民境外支付与退税的便利化有三个亮点：第一，境外支付网点地区持续增多。中国银联新增 19 个网点城市，已在全球 117 个国家和地区开通了银联业务；第二，可选渠道更趋多样，支付宝等竞争主体积极谋求海外发展；第三，境外支付服务方式增加，如 VISA 已经开通境外无卡支付。

表 1-3　2012 年我国主要支付平台发展情况

时间	事件
2012 年 7 月	央行公布了第四批第三方支付牌照名单，包括网易、苏宁在内的 95 家新公司获牌，至此共有 196 家第三方支付公司获得支付牌照
2012 年 7 月	中国银联与国家旅游局联合多家金融机构及旅游相关企业，在北京推出旅游主题银联卡——中国旅游卡，整合全国及境外旅游消费资源，打造涵盖"吃、住、行、游、购、娱"等多领域的旅游支付服务新平台

2012 年第一季度第三方互联网支付市场交易额继续保持增长，但增长率仅为 2.7%，与 2011 年第四季度相比增长率有大幅下降。2012 年第二季度中国第三方互联网支付市场交易规模达到 9 456.6 亿元人民币，环比增长 23%，同比增长 105.1%。

表 1-4　中国银联业务开通的国家和地区

序号	国家/地区	开通业务	交易货币	序号	国家/地区	开通业务	交易货币
1	中国香港	ATM/POS	港币	66	马尔代夫	ATM/POS	罗非亚、美元
2	中国澳门	ATM/POS	澳门元	67	汤加	POS	潘加
3	中国台湾	ATM/POS	新台币	68	斐济	POS	斐济元
4	新加坡	ATM/POS	新加坡元	69	科特迪瓦	ATM	非洲法郎

续表

序号	国家/地区	开通业务	交易货币	序号	国家/地区	开通业务	交易货币
5	马来西亚	ATM/POS	马来西亚林吉特	70	塞内加尔	ATM	非洲法郎
6	泰国	ATM/POS	泰铢	71	多哥	ATM	非洲法郎
7	菲律宾	ATM/POS	菲律宾比索	72	贝宁	ATM	非洲法郎
8	越南	ATM/POS	越南盾	73	尼日尔	ATM	非洲法郎
9	柬埔寨	ATM/POS	美元	74	马里	ATM	非洲法郎
10	韩国	ATM/POS	韩元	75	苏丹	ATM	苏丹镑
11	澳大利亚	ATM/POS	澳大利亚元	76	法属留尼旺岛	ATM	欧元
12	新西兰	ATM/POS	新西兰元	77	冰岛	ATM/POS	冰岛克朗
13	哈萨克斯坦	ATM/POS	坚戈	78	法属波利尼西亚	POS	太平洋法郎
14	印尼	ATM/POS	印尼盾	79	坦桑尼亚	ATM	坦桑尼亚先令
15	蒙古	ATM/POS	蒙图	80	尼泊尔	ATM/POS	尼泊尔卢布
16	法国	ATM/POS	欧元	81	马拉维	ATM	克瓦查
17	德国	ATM/POS	欧元	82	马达加斯加	ATM/POS	阿里亚里、美元
18	比利时	ATM/POS	欧元	83	塞舌尔	ATM/POS	塞舌尔卢比、美元
19	卢森堡	ATM/POS	欧元	84	科威特	ATM	科威特第纳尔、美元
20	西班牙	ATM/POS	欧元	85	巴勒斯坦	ATM	新谢克尔、约旦第纳尔
21	土耳其	ATM/POS	土耳其里拉	86	阿曼	ATM	阿曼里亚尔
22	俄罗斯	ATM/POS	卢布、美元	87	塔吉克斯坦	ATM	塔吉克卢布
23	瑞士	ATM/POS	瑞士法郎	88	斯洛伐克	POS	欧元
24	奥地利	ATM/POS	欧元	89	老挝	POS/ATM	老挝基普
25	葡萄牙	ATM/POS	欧元	90	荷兰	POS	欧元
26	丹麦	POS	丹麦克朗	91	尼日利亚	ATM	奈拉、美元

续表

序号	国家/地区	开通业务	交易货币	序号	国家/地区	开通业务	交易货币
27	摩纳哥	ATM/POS	欧元	92	科摩罗	ATM	科摩罗法郎、美元
28	列支敦士登	ATM/POS	瑞士法郎	93	喀麦隆	ATM	非洲法郎、美元
29	加拿大	ATM/POS	加拿大元	94	阿塞拜疆	ATM/POS	马纳特
30	阿联酋	ATM/POS	迪尔汗	95	塞拉利昂	ATM	里昂
31	巴西	ATM/POS	雷亚尔	96	巴布亚新几内亚	ATM/POS	巴布亚新几内亚基纳
32	阿富汗	ATM/POS	阿富汗尼、美元	97	芬兰	POS	欧元
33	吉布提	ATM	美元	98	爱尔兰	POS	欧元
34	约旦	ATM	约旦第纳尔	99	白俄罗斯	ATM/POS	白俄罗斯卢布、卢比、美元、欧元
35	黎巴嫩	ATM/POS	黎巴嫩镑、美元	100	秘鲁	ATM	新索尔
36	叙利亚	ATM/POS	叙利亚镑、美元	101	津巴布韦	ATM	美元
37	也门	ATM/POS	也门里亚尔、美元	102	罗马尼亚	ATM/POS	列伊
38	伊拉克	ATM	美元	103	纽埃	POS	新西兰元
39	刚果民主共和国	ATM/POS	刚果法郎、美元	104	埃塞俄比亚	ATM/POS	比尔
40	肯尼亚	ATM	肯尼亚先令	105	斯洛文尼亚	POS	欧元
41	法属马提尼克岛	ATM	欧元	106	马耳他	POS	欧元
42	捷克	POS/ATM	捷克克朗	107	乌兹别克斯坦	POS	苏姆
43	瑞典	POS	瑞典克朗	108	卢旺达	ATM	卢旺达法郎
44	挪威	POS	挪威克朗	109	赤道几内亚	ATM	中非金融合作法郎

续表

序号	国家/地区	开通业务	交易货币	序号	国家/地区	开通业务	交易货币
45	格陵兰	POS	丹麦克朗	110	摩洛哥	POS	摩洛哥拉姆
46	法罗群岛	POS	丹麦克朗	111	哥斯达黎加	ATM	哥斯达黎加科朗、美元
47	希腊	ATM/POS	欧元	112	塞浦路斯	POS	欧元
48	匈牙利	ATM/POS	福林	113	毛里塔尼亚	ATM	乌吉亚
49	波兰	ATM/POS	兹罗提	114	乍得	ATM	中非金融合作法郎
50	墨西哥	ATM	墨西哥比索	115	几内亚	ATM	几内亚法郎
51	委内瑞拉	ATM	博利瓦	116	日本	ATM/POS	日元
52	阿根廷	ATM	阿根廷比索	117	英国	ATM/POS	英镑
53	哥伦比亚	ATM	哥伦比亚比索	118	英属根西	ATM	英镑
54	巴林	ATM	巴林第纳尔	119	英属泽西	ATM	英镑
55	文莱	ATM/POS	文莱元	120	英属马恩岛	ATM	英镑
56	印度	ATM	卢比	121	英属直布罗陀	ATM	英镑
57	巴基斯坦	ATM	巴基斯坦卢比	122	意大利	ATM/POS	欧元
58	斯里兰卡	ATM/POS	斯里兰卡卢比	123	美国	ATM/POS	美元
59	乌干达	ATM	乌干达先令	124	塞班	ATM/POS	美元
60	博茨瓦纳	ATM	普拉	125	关岛	ATM/POS	美元
61	赞比亚	ATM	克瓦查	126	圣马力诺	ATM/POS	欧元
62	毛里求斯	ATM/POS	毛里求斯卢比	127	埃及	ATM/POS	埃及镑
63	孟加拉	ATM/POS	塔卡	128	南非	ATM/POS	南特
64	冈比亚	ATM	达拉西	129	布基纳法索	ATM	非洲金融共同体法郎
65	加纳	ATM	塞地	130	卡塔尔	ATM	卡塔尔里亚尔

资料来源：根据中国银联网站数据整理。

在模型中，银联开通国家与地区数量的系数符号为正号，表明与旅游出境人数成正比关系。我国银联开通国家与地区数量每增加1%，出境旅游人数就增加0.08%（如图1-9所示）。

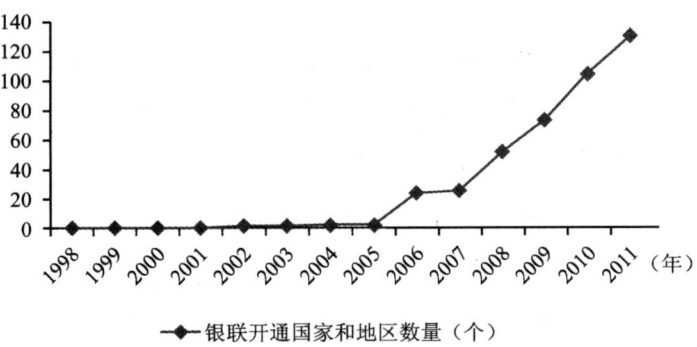

图1-9　1998—2011年银联开通国家和地区数量

第二节　2012年出境旅游的政治环境特征

一、政治外交合作在曲折动荡中稳定前行

2012年，中华人民共和国对外政治外交合作发展势头看好，分别与德国、美国、巴西、乌拉圭、沙特阿拉伯、柬埔寨、越南、哈萨克斯坦、吉尔吉斯斯坦等国家发表联合声明，并在各个层面签订众多合作协议，力求把政治、经济和文化等方面的合作发展落到实处。良好的政治外交发展势头为公民出境游提供了有力的支撑，出境旅游整体满意度也有所提高。

但是，在总体良好的背景下，与部分国家的关系出现波折，给出境旅游发展蒙上了阴影。2012年4月，菲律宾与中国在南海领土问题上频繁发生争端，对我国出境旅游造成了影响。2012年5月以来中日"钓鱼岛"事件的发生，不仅严重影响了中国和日本的经济、政治外交合作，也严重动摇了我国游客赴日旅游的意愿，赴日出境旅游的人数大幅下降，给两国旅游业的发展造成了不可估量的损失。

二、旅游签证政策持续改善优化了出境旅游环境

2012 年，随着中国出境旅游人数的增加、消费规模的扩大以及其他利好方面，各国对华签证政策持续改善，在签证程序简化、签证政策放宽、延长免签计划等方面都有所表现。具体相关变化如表 1-5 所示：

表 1-5　2012 年签证便利情况一览

国家/地区	签证便利类型	具体措施
澳大利亚	简化签证手续	对中国赴澳的游客旅游签证实现快签
美国	简化签证手续	对中国赴美游客签证续签实现免面谈
新西兰	简化签证手续	1. 向学生免费发放"过渡签证" 2. 学生签证担保金和毕业生开放工作签证担保金均上涨 3. 毕业后的工作签证申请机会增加为两次
爱尔兰	延长免签计划	对中国游客的短期签证免签计划延长至 2016 年，同时还引入"捆绑式"旅游策略，实现一张签证游览多国
日本	签证陆续放宽	为前往岩手、宫城、福岛 3 县观光旅游的中国大陆游客发放可数次出入日本的"多次旅游签证"
韩国	签证政策放宽	1. 扩大多次有效签证的发放人群 2. 对首次办理多次有效签证的中国游客签证有效期从 1 年延长至 3 年

资料来源：根据相关网站数据整理。

三、多种因素推动个人赴台游发展

1. 海峡两岸人民频繁交流

2012 年大陆推出赴台旅游新政策，一方面稳步扩大大陆居民赴台"个人游"试点区域，简化放宽"个人游"申办手续，赴台旅游方式更加便捷多样；

另一方面允许大陆旅行团乘坐邮轮从香港到台湾后,可继续乘坐该邮轮前往日本或韩国,然后返回大陆;新增赴台旅游组团社52家,总数达到216家。在这些利好政策的带动下,大陆赴台游市场再度急速扩容。

2. 中日"钓鱼岛"争端为台湾分流大陆游客提供了契机

"钓鱼岛"事件发生后,在市场压力下,大陆各大旅行社纷纷把目光投向台湾市场,积极开发旅游产品,赴台旅游成为亮点。以重庆为例,2012年1~10月,重庆市7家赴台资质的旅游组团社共组织赴台旅游5.06万人次,同比增长40.99%,绩效增长十分明显。

3. 推出医疗旅游等体验产品吸引年轻游客

为吸引大陆游客赴台旅游,台湾旅游业加强对大陆年轻客源的宣传推广力度,并极力迎合高端旅游市场需求,持续更新旅游产品,以医疗旅游为代表的体验性旅游产品渐成赴台游新宠。2012年1月台湾开放大陆民众赴台体检及医学美容,虽然台湾与大陆的医疗机构在硬件水平上相差无几,但针对大陆游客需求,台湾医疗机构更注重用户体验和服务质量,医疗旅游渐成大陆赴台游的新增长点。据台湾对外贸易发展协会统计,截至2012年第三季度,台湾共接待6万包括大陆游客在内的外来游客来台使用医疗服务,其中使用健康检查、美容服务的人数约占三成。

第三节 2012年出境旅游其他市场环境特征

一、中国是最重要的战略性客源市场成为各主要国家的共识

2012年,世界各主要目的地国家和地区对中国旅游市场更加关注,纷纷把目光聚焦中国市场,最重要的战略性客源市场成为共识。在此指引下,纷纷集中资源培育中国出境旅游市场,主要特征为:第一,旅游宣传形式更加多样化;第二,各大国在华旅游宣传的力度和规模加大;第三,在华营销的影响力增强;第四,旅游宣传目的地主要集中在特大城市(见表1-6、表1-7)。

表1-6 相关国家或地区对华旅游宣传促销活动

国家/地区	旅游宣传促销活动	推广城市
俄罗斯	2012年3月24日，中国"俄罗斯旅游年"中俄旅游合作论坛在北京召开，中国国务院副总理、中俄旅游年组委会中方主席王岐山与俄罗斯副总理、中俄旅游年组委会俄方主席苏尔科夫共同出席论坛开幕式并致辞。同年10月22日，中国"俄罗斯旅游年"闭幕式在上海召开	北京、上海
韩国	2012年6月28日，韩国丽水世博会中国厦门推介活动暨剪彩仪式在韩国丽水世博园韩国馆举行	厦门
英国	2012年5月22日，英国旅游局和英国航空在上海举办了一场为庆祝伊丽莎白女王登基60周年钻石庆典（Diamond Jubilee）的"快闪"活动，推广英伦艺术表演和下午茶文化展示	上海
日本	为吸引更多中国游客前来日本旅游消费，日本观光厅推出了一系列的措施，医疗方面有"医疗二重奏"，体育方面有体育旅游套餐。2012年4月，日本更是计划成立一个由比赛团体、旅行社组成的首个全国性组织，加强对中国游客的体育旅游宣传工作	—
东北亚	2012年9月6日，来自国际旅游组织、东北亚六国旅游界人士、国内外专家、学者等欢聚一堂，谈旅游、话发展，共享由吉林省政府、联合国开发计划署GTI主办的"激情东北亚、欢乐在吉林、走向无障碍的东北亚旅游"东北亚旅游交流之夜盛宴	长春

资料来源：根据相关网站数据整理。

表1-7 2012年中国主要国际旅游会展汇总

会议名称	举办时间	地点	会议规模
2012年（第十五届）南京旅游博览会	2012年2月	南京	展区面积将达2万平方米，约有350家参展商。展会将分有旅游度假景点展区、旅游度假方案及服务展区、旅游用品及设备等展区
2012年广州国际旅游展览会	2012年3月	广州	展会面积21 450平方米。本届展会在品牌化和专业化层次上与以往相比也有大幅提升，吸引了来自36个国家和地区的近700家展商参展，境外展商比例达46%

续表

会议名称	举办时间	地点	会议规模
2012年上海（国际）自驾游博览会	2012年3月	上海	此次博览会在规模和内容上都有新突破，共吸引近200家展商参展，涉及酒店、景点、旅游特产纪念品和车商等领域
2012年中国（上海）国际奖励旅游及大会博览会	2012年4月	上海	有137家参展商公司代表会见350位买家
2012年中国出境旅游交易会（COTTM）	2012年4月	北京	此次展会为八年来规模最大的一届展会，占据了整个国贸展馆，展商来自从埃及到爱沙尼亚，从斐济到法国，从中国澳门到马达加斯加，从坦桑尼亚到土耳其等60多个国家的275个国际机构
2012年第九届北京国际旅游博览会	2012年6月	北京	本届国际旅游博览会以"交流、合作、发展、共赢"为主题，到目前为止共有来自80个国家和地区、国内25个省、市、自治区的929家参展商和220多个特约买家参展，展览面积达30 000平方米
2012中国国际旅游商品博览会	2012年6月	义乌	展会规模档次和成效均创全国旅游商品业展会之最，2 000余个展位有来自全国32个省、市、自治区及境外30个国家和地区的旅游商品生产企业参展

资料来源：根据相关网站数据整理。

二、营业税改增值税试点为出境旅游发展带来变数

2011年，经国务院批准，财政部、国家税务总局联合下发营业税改征增值税试点方案。从2012年1月1日起，在上海交通运输业和部分现代服务业开展营业税改征增值税试点。自2012年8月1日起至2012年年底，国务院将扩大营改增试点至10省市。营业税改增值税的主要内容是，旅游业适用6%税率，原则上适用增值税一般计税方法。纳税人计税依据原则上为发生应税交易取得

的全部收入。对一些存在大量代收转付或代垫资金的行业，其代收代垫金额可予以合理扣除。服务贸易进口在国内环节征收增值税。营业税改增值税有利于解决营业税重复增税问题，促进现代服务业深度分工合作，总体上有利于改善出境旅游的发展环境。

但是，上海等试点城市部分出境旅游经营企业，也出现了诸多不适应，面临增加税负，税务管理烦琐的挑战。主要有：境外发团的成本发票难以抵扣，难以获取进项成本纳税的增值税发票，增值税纳税方式高于按营业税5%方式缴纳税额，税负增加明显。这些挑战增添了旅行社在开拓出境旅游市场、创新旅游产品过程中的变数。

三、市场监管环境有所改观，但仍存在诸多问题

由于出境旅游市场监管环境趋于完善，市场监管环境有了良好的制度保障。国务院颁布的《旅行社条例》、《中国公民出国旅游管理办法》、《导游人员管理条例》以及《关于旅行社出境游服务质量的行业标准》和《中国公民出境旅游合同示范文本》等各项法律法规、政策和条款为出境旅游编织了较为严密的制度网络。以此为基础，在旅游行政主管部门的有效督促下，全国经营出境旅游的旅行社严格按照示范文本签订出境游合同，有效维护了组团社、地接社、游客各方的合法权益，从而保证了出境旅游的服务质量。

尽管市场监管环境得到了很大的改善，但是还存在如强制性消费、恶意诱骗等影响服务质量的情况，压力不容小视。这集中在对旅游广告、散客拼团、领队履职、门市管理、安全管控、在线旅游服务等六个环节的系统监控上。

第二章

2012年中国出境旅游市场结构与消费特征

第一节 市场结构

一、市场状况

2012年出境旅游市场规律持续扩容，季节性特征明显且趋于常态化。从出境旅游人数的月度数据来看，我国出境旅游的季节性特征明显，且趋于常态化。高峰期主要集中在7、8月份和春节期间，"十一"黄金周出现小高峰，下半年的出境旅游人次从整体上看比上半年规模更大。

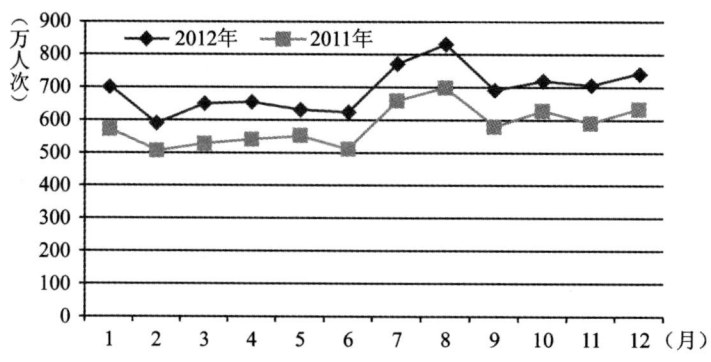

图2-1 2011年与2012年各月出境旅游人次

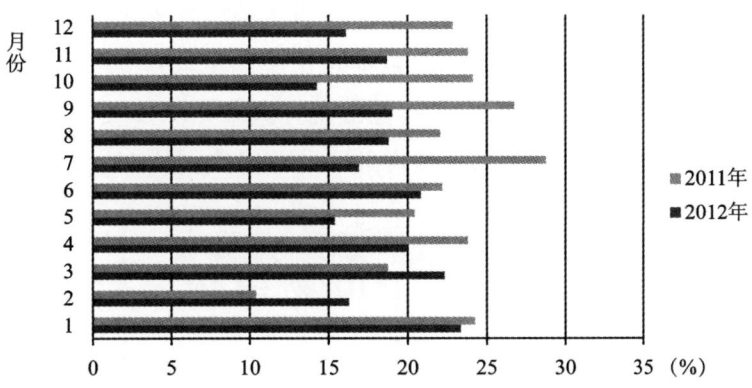

图 2-2　2011 年与 2012 年各月出境旅游人次较上年同比增长率

二、市场结构

(一) 公民因私出境已成出境旅游市场主体

2012 年，我国因私出境人数达 7 705.61 万人次，占所有出境旅游人数的比例为 92.63%，比 2011 年的同期占比上升 1.36%，已经成为我国出境市场的主体。

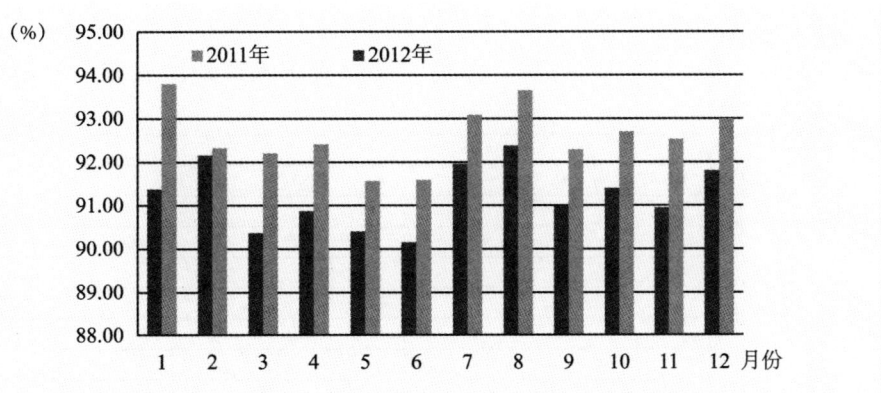

图 2-3　2011 年与 2012 年各月中国因私出境游客占所有游客比重

（二）出境方式仍以徒步为主，乘坐飞机出境的比例上升较大

2012年，我国所有出境居民中，以徒步出境的游客占50.26%，与2011年同期相比下降了0.36个百分点。在其他出境方式中，除以飞机出境游客比例上升外，以轮船、汽车和飞机等交通方式出境的游客比例均有所下降。

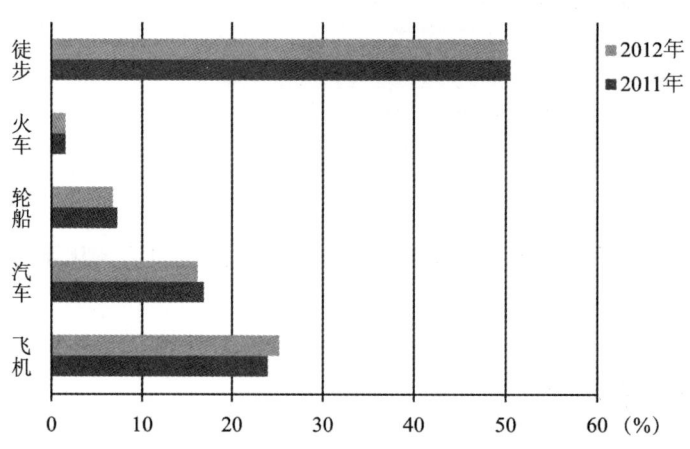

图2-4　2011年与2012年中国出境游客交通方式比重

（三）赴各地区的增长率与结构

我国出境旅游目的地仍以亚洲国家和地区为主。截至2012年9月30日，中国大陆赴亚洲国家和地区旅游人数占所有出境游客的90.44%。其中赴中国台湾、日本、韩国、中国香港、印尼、泰国等国家或地区旅游人数增长迅速。

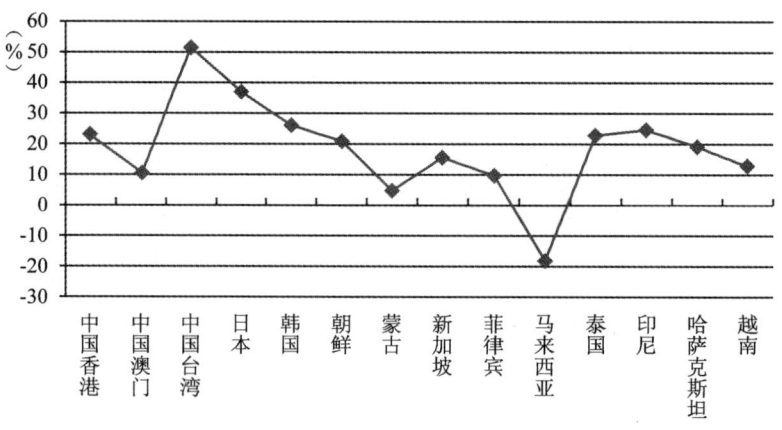

图2-5　2012年1~9月中国内地游客赴主要目的地人数增长率

亚洲仍是中国公民出境旅游的主要目的地，远程市场增长率最高（亚洲基数最大，美洲增长率第一）。

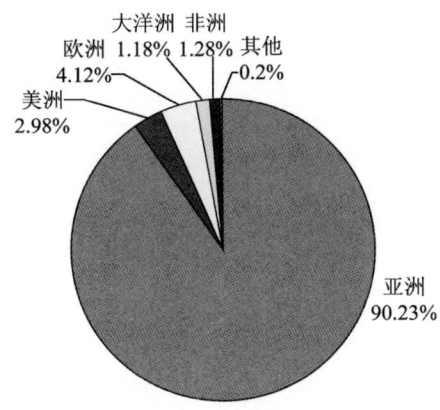

图2-6　2012年1~9月中国内地游客赴世界各地旅游人数分布

第二节　总体分析

一、出境游游客消费特征变量结构

本次调研使用的问卷是由中国旅游研究院设计完成的"出境旅游行为调查问卷"，共涉及26个变量。本次调研将变量抽象为6个范畴，分别为人文统计要素、消费决策影响因素、消费决策、消费结果、消费评价和未来消费意向。调研始于2011年年初，每个季度完成一次调研。调研小组同时在北京、上海、广州、重庆、西安、沈阳、成都与杭州等城市开展问卷调研，本次调研共收回有效问卷2 443份。

二、出境游游客人口统计特征

对2012年出境游客的人口统计特征调查分析发现：出境游客的性别比例差

距较小,女性市场略大于男性市场;中青年出境游客居多,25~44岁年龄段人数所占比例超过58.4%;大学本科和大学专科学历的出境游客人数比例最高,合计66.3%;出境游客来自学生的比例最高,占11.7%;个人月收入在3 000~8 000元的比例最高,合计为50.5%,出境游客向中等收入人群扩散的趋势日益明显。

(一)性别

调研对象的男女性别比例差距较小,其中女性出境游客的比例为51.2%,男性比例为48.8%,差距为2.4%。

(二)年龄

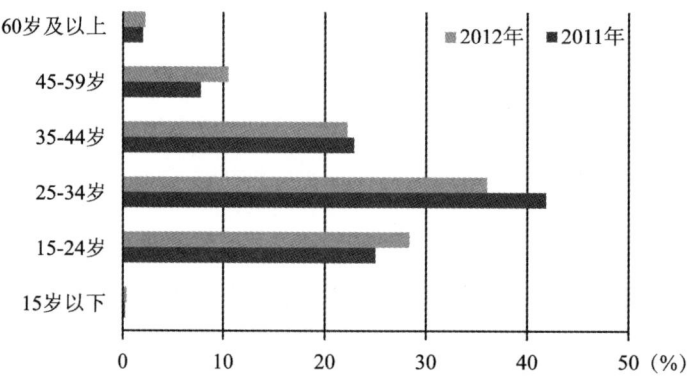

图2-7　2011年与2012年中国内地受访出境游客年龄分布

(三)学历

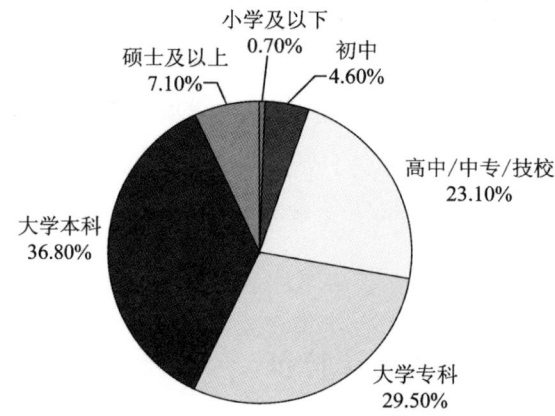

图2-8　2012年中国内地受访出境游客学历分布

（四）职业

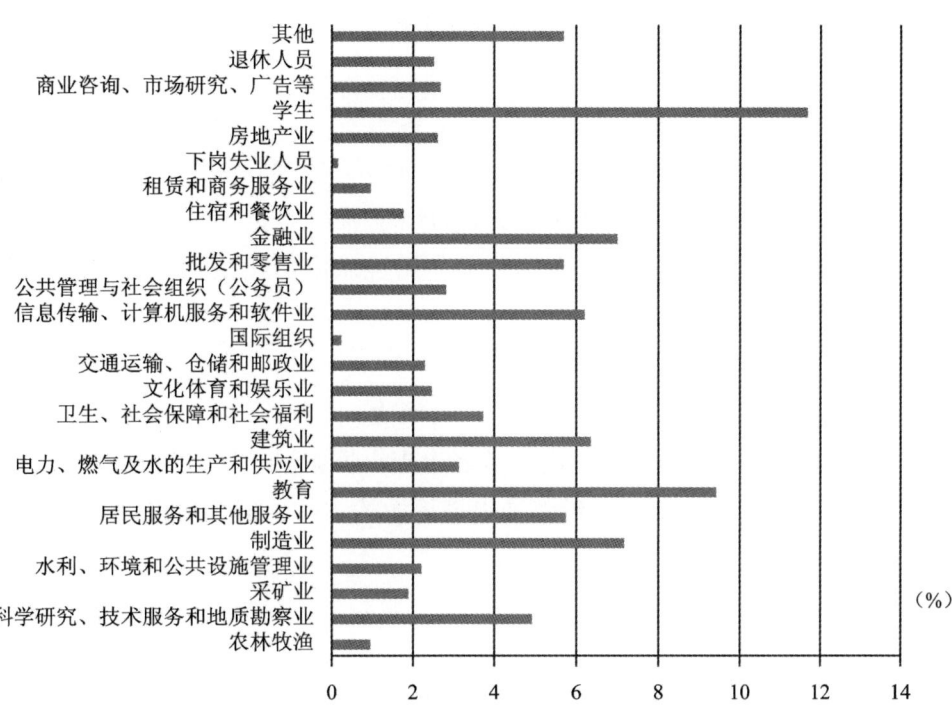

图 2-9　2012 年中国内地受访出境游客职业分布

（五）个人月收入

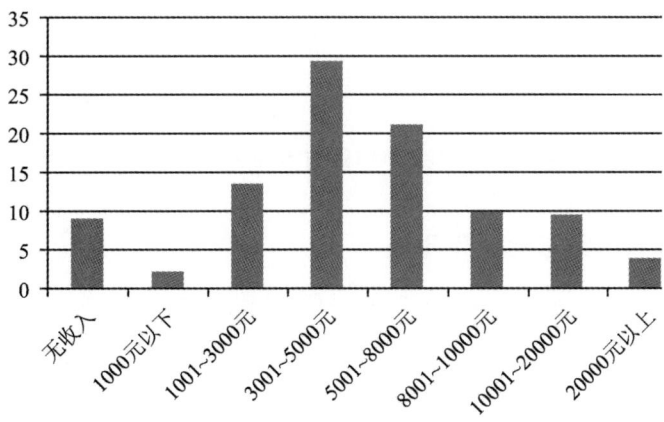

图 2-10　2012 年中国内地受访出境游客个人月收入分布

三、出境游游客消费决策影响因素

通过调查统计我们发现：首次出境的游客居多，占比58.9%；游览观光和休闲度假是出境旅游的主要目的，分别占比45.8%和34.2%，但其比例较2011年有所下降；48.87%的调研对象认为出境旅游是重大消费决策；通过对出游频率和决策重要程度两项的统计判断，出境旅游仍然是人们普遍难以决策的消费选择。

（一）个人出境旅游频率提高

出境游客仍以首次出境旅游的居多，比例为58.9%，但与去年的数据对比可以发现，比例下降了4.66%，出境游客个人出境旅游频率有所提高。

（二）游览观光与休闲度假虽然是出境旅游的主体，但其所占比重明显下降

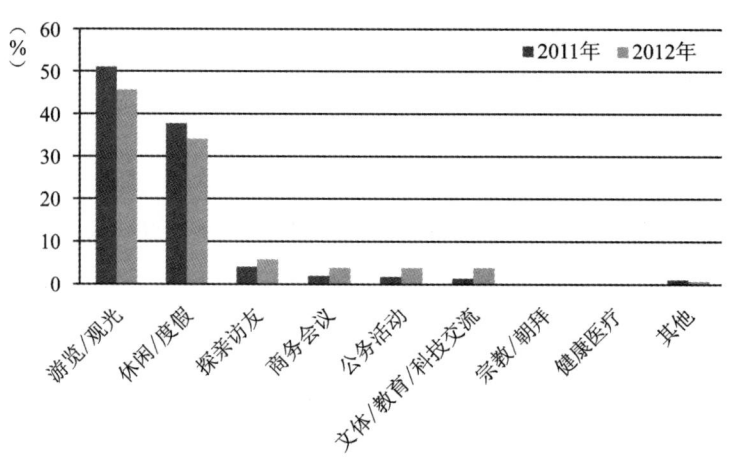

图2-11 2011年与2012年中国内地受访出境游客出行目的分布

（三）出境旅游常态化趋势明显

2012年在受访旅游者中，认为出境旅游是重大消费决策的达到48.87%，比2011年相应数据（52.40%）下降了3.53%，老百姓出境旅游进一步常态化。

四、出境游游客消费决策特征

(一) 网站、BBS、论坛成为出境游游客的主要旅游信息获取渠道

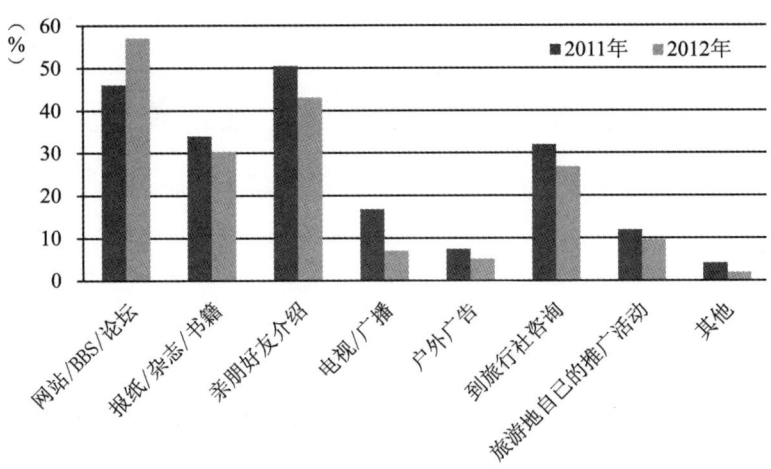

图 2-12 2011 年与 2012 年中国内地受访出境游客旅游信息获取渠道分布

(二) 旅游景点的相关信息和旅游价格依然是出境游客关注的重要内容

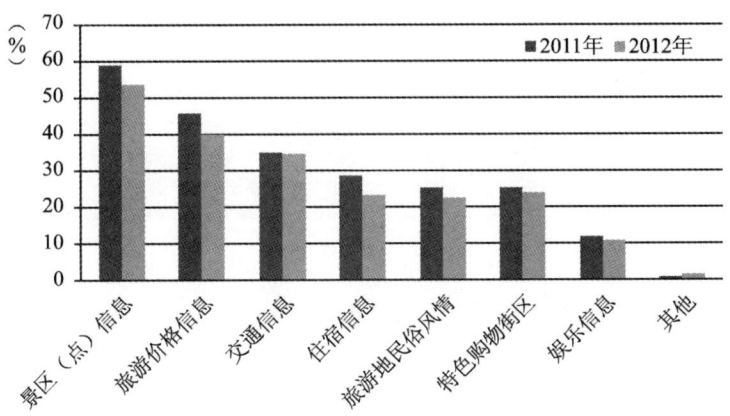

图 2-13 2011 年与 2012 年中国内地受访出境游客信息搜集内容分布

(三) 出境游客偏好与家人、好友结伴出游,独自出游比例明显上升

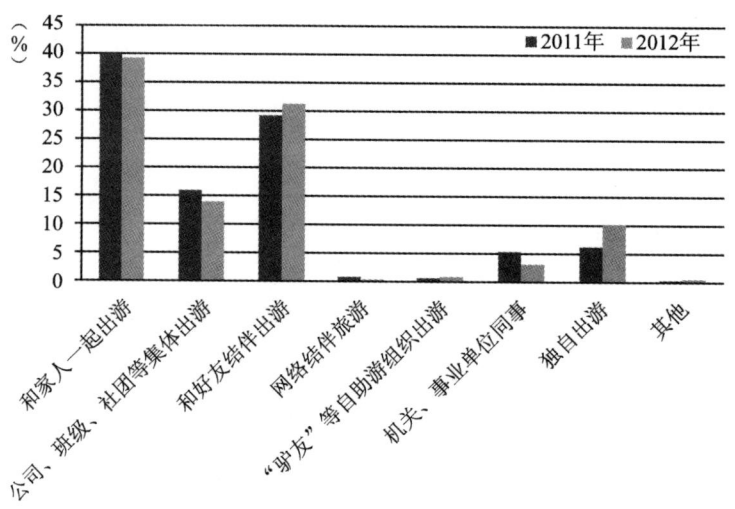

图 2-14 2011 年与 2012 年中国内地受访出境游客出游方式分布

(四) 出境游客目的地选择受景点/旅游地的吸引力影响最大,旅行费用的重要性明显下降

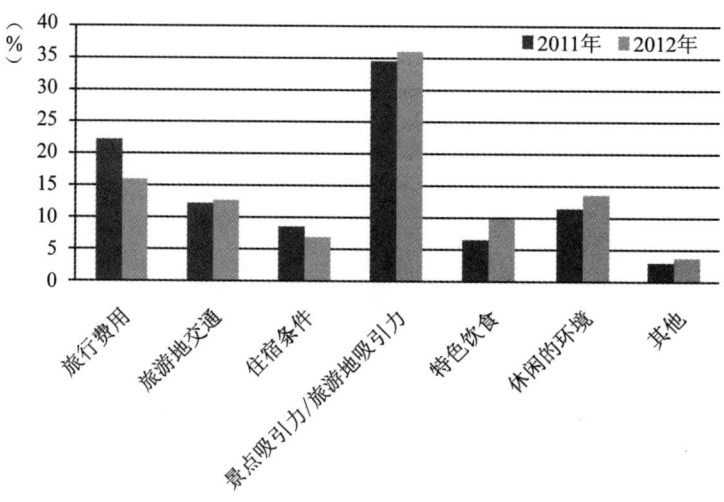

图 2-15 2011 年与 2012 年中国内地受访出境游客线路选择影响因素分布

（五）品牌知名度在游客选择旅游服务企业过程中起决定性作用

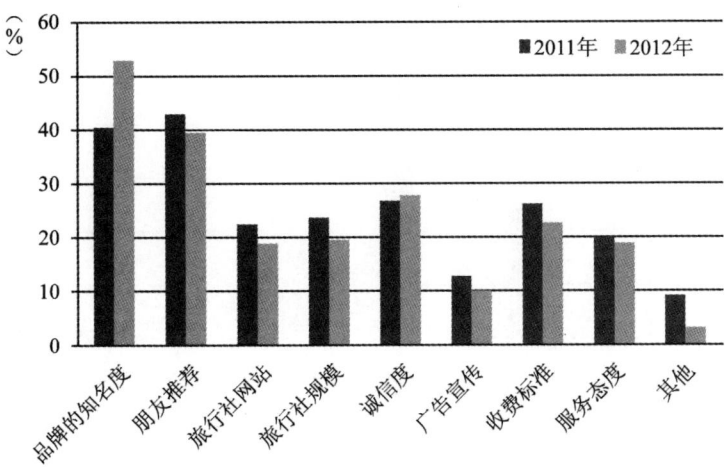

图 2-16　2011 年与 2012 年中国内地受访出境游客企业选择影响因素分布

（六）走马观花式多景点旅游比例增加

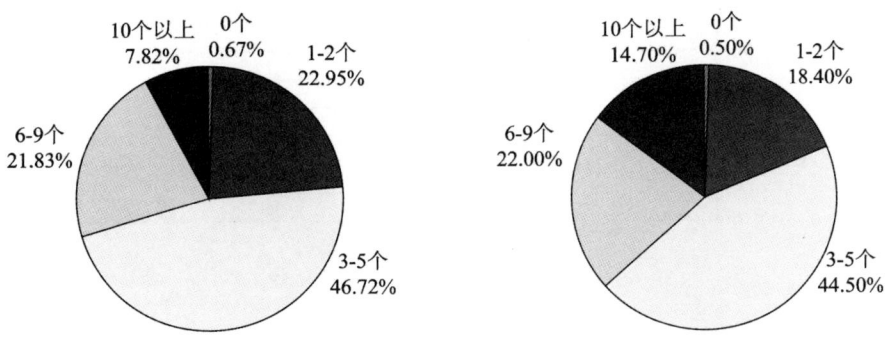

图 2-17　a. 2011 年出境游客景点数量选择分布　b. 2012 年出境游客景点数量选择分布

（七）超过半数游客出境旅游时长为 3~7 天

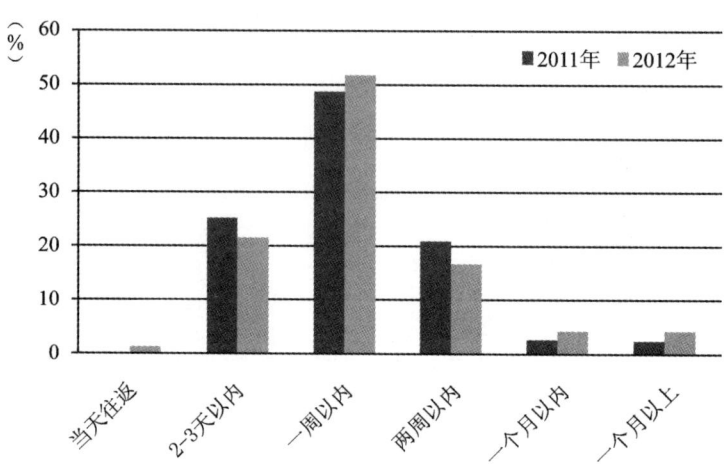

图 2-18　2011 年与 2012 年中国内地受访出境游客旅游时长选择分布

（八）中等价位的星级酒店最受出境游客青睐，入住经济型酒店的游客比例下降

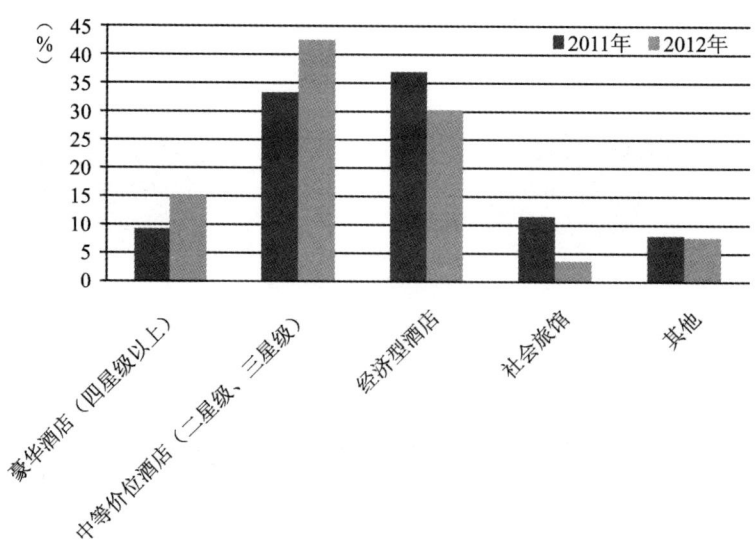

图 2-19　2011 年与 2012 年中国内地受访出境游客住宿选择分布

五、出境游游客消费结构特征

花费在5 000元以上的游客比例明显下降,中国游客出境旅游更趋于理性化;花费最高的项目是购物(34.1%)和交通(21.6%);45%的出境游客认为自费支出高于团费支出,26%的出境游客认为团费支出高于自费支出①。

(一)高端消费群体明显下降,出境消费更趋平民化

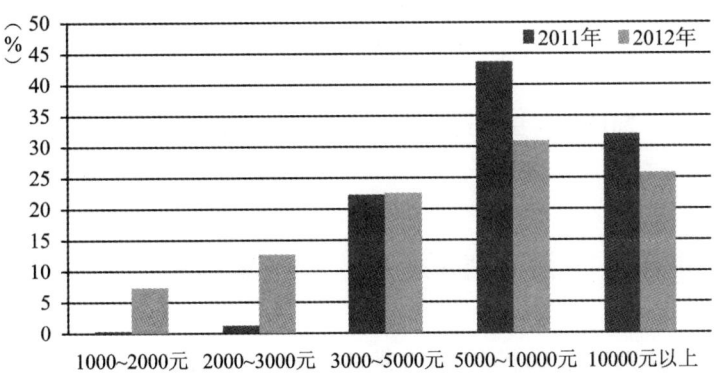

图2-20　2011年与2012年中国内地受访出境游客人均花费分布

(二)购物与交通占出境游客总花费的比重较大

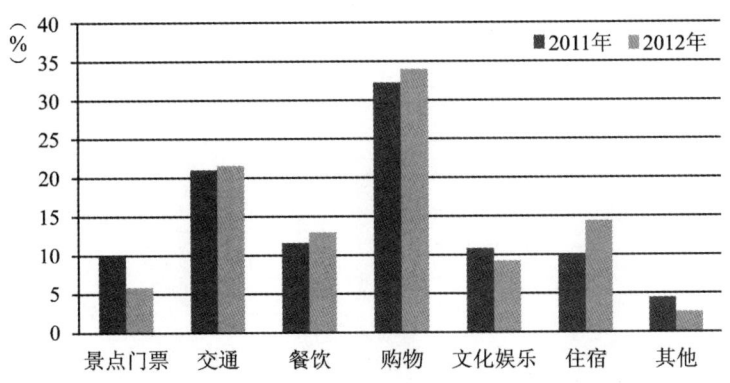

图2-21　2011年与2012年中国内地受访出境游客花费最高的项目分布

---

① 团费是指游客在购买旅游线路产品时所支付的一揽子服务费用,自费则是指游客在旅游过程中接受一揽子服务之外因购买额外的服务或商品所支付的费用。

(三) 自费旅游项目比重较大

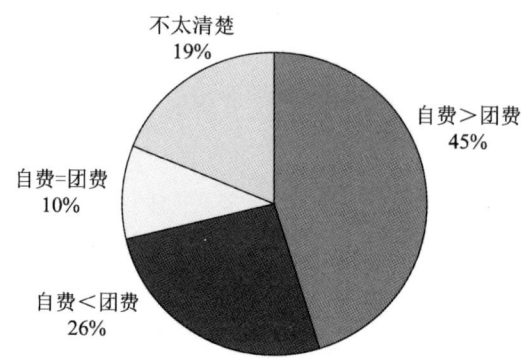

图 2-22　2012 年中国内地受访出境游客自费水平与团费水平比较分布

六、出境游游客消费评价与未来消费意向

出境游游客未来再次选择同一旅行社可能性较低；未来出境主要意向仍是以观光游览为主，了解当地居民生活状况的选择比例次之。

(一) 口碑及未来消费意向

本项研究设置了企业重复消费意向、口碑宣传意向、重游意向三个变量来考量出境游客的消费评价，其均值分别为 7.56、7.76、7.75。其中，企业重复消费意向比 2011 年明显提高。

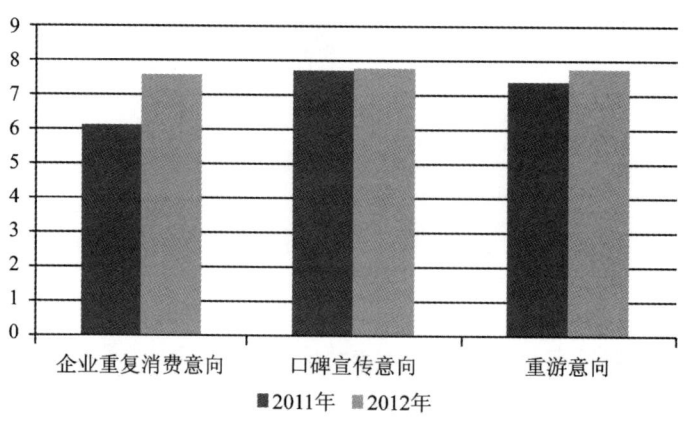

图 2-23　2011 年和 2012 年中国出境游客未来消费意向比较

（二）参观游览、了解当地居民生活状况的意愿上升

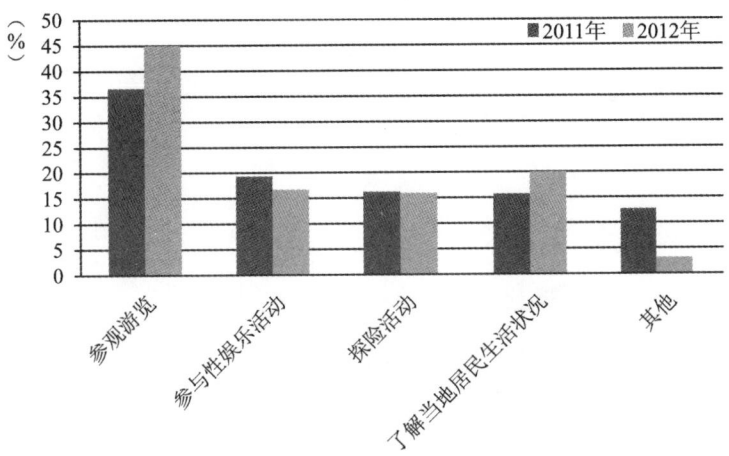

图2-24　2011年与2012年中国内地受访出境游客未来出境旅游消费项目意向分布

第三节　主要目的地消费特征

一、中国香港

（一）内地游客统计信息

赴港游客持续增长，高峰期集中在寒、暑假期。

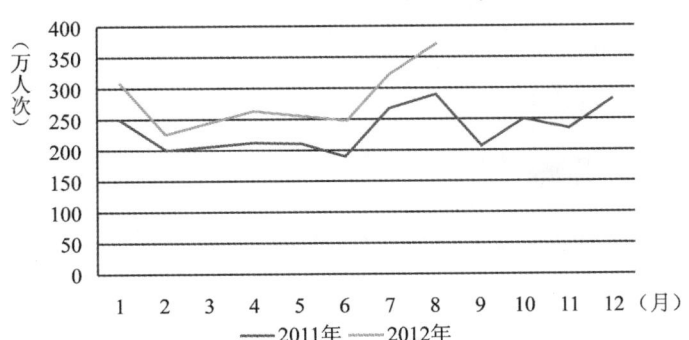

图2-25　2011年与2012年中国内地赴香港旅游人次及变化情况

资料来源：香港旅游发展局。

（二）内地赴香港游客人口特征统计

1. 性别

2011年，内地赴香港旅游的游客中有43%为男性，57%为女性，性别比例基本与2010年持平。

2. 年龄

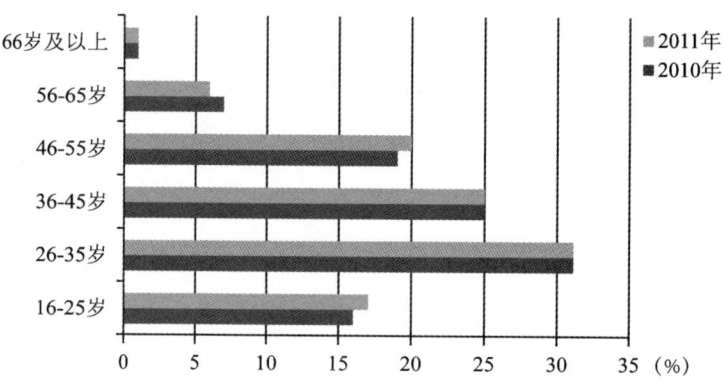

图2-26　2010年与2011年中国内地赴香港游客年龄分布

资料来源：香港旅游发展局。

3. 婚姻状况

2011年，内地赴港的游客中72%为已婚，比2010年下降了一个百分点。

4. 职业

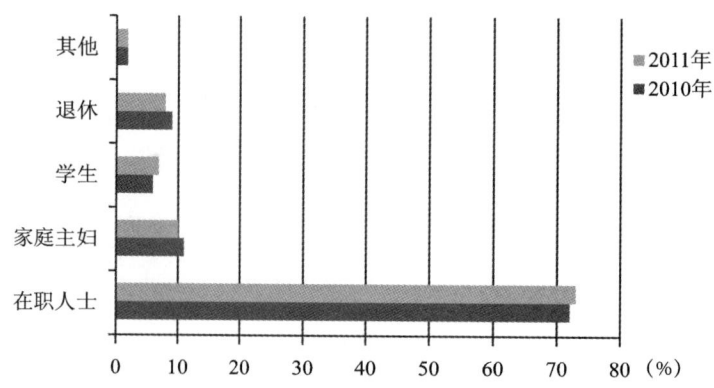

图2-27　2010年与2011年中国内地赴香港游客职业分布

资料来源：香港旅游发展局。

(三) 内地游客赴香港旅游决策影响因素

1. 度假为中国内地游客访港的主要目的

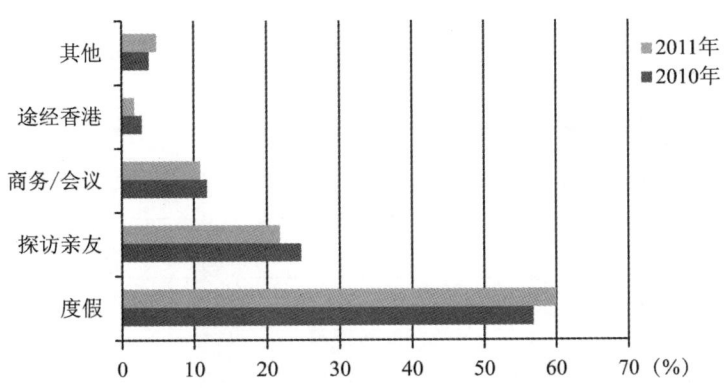

图 2-28　2010 年与 2011 年中国内地赴香港旅游目的分布

资料来源：香港旅游发展局。

2. 首次访港旅客增加，内地游客赴香港重游率高

2011 年，首次访港的内地入境过夜游客占 27%，比 2010 年的 24% 上升了 3 个百分点，73% 的入境过夜游客是两次及两次以上访港。

(四) 内地游客访港消费决策特征

1. 近四成游客选择与亲属、朋友和同事结伴访港

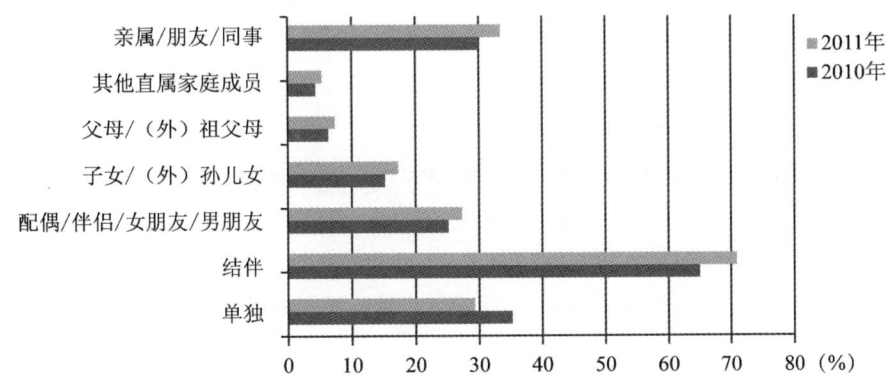

图 2-29　2010 年与 2011 年中国内地赴香港游客旅游结伴情况

资料来源：香港旅游发展局。

2. 内地游客在港停留时间较长

2011年,内地游客在港平均停留时间为3.9晚,与2010年的停留时间相同,高于香港入境游客的平均停留天数(3.6),且高于亚洲其他客源国或地区游客在港的停留时间。

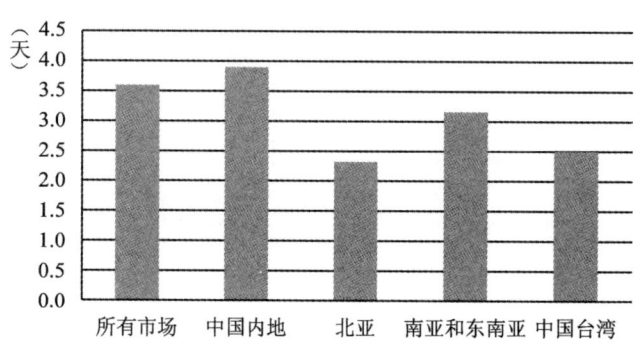

图2-30　2011年中国内地赴香港游客在港停留时间与其他地区对比

资料来源:香港旅游发展局。

(五)内地游客消费结构特征

1. 内地过夜游客在港的主要消费项目

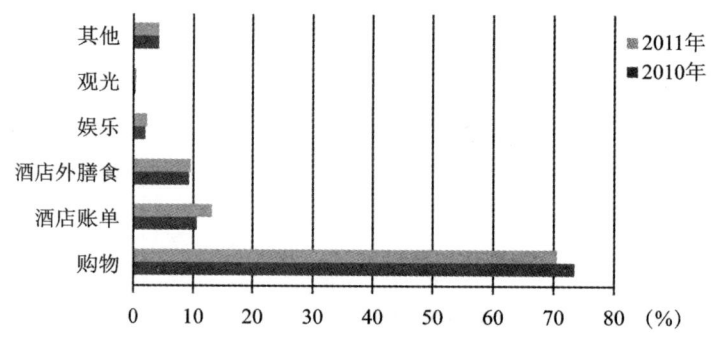

图2-31　2010年与2011年中国内地过夜游客在港消费结构

资料来源:香港旅游发展局。

2. 内地游客购买的主要商品为珠宝首饰及手表

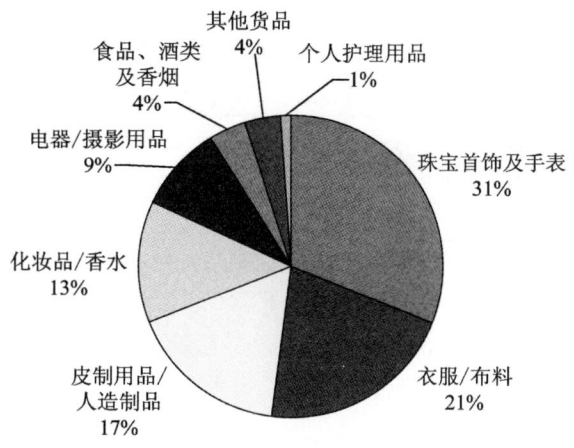

图 2-32 2011 年中国内地游客在港单项消费情况

资料来源：香港旅游发展局。

3. 珠宝首饰及手表、电器/摄影用品的消费量显著增长

2011 年中国内地游客在港消费的单项产品中，珠宝首饰及手表消费比重最大，占 30.9%，其消费额比 2010 年增长 34.7%。此外，电器/摄影用品的消费量亦迅速攀升，比 2010 年增长 31.8%。

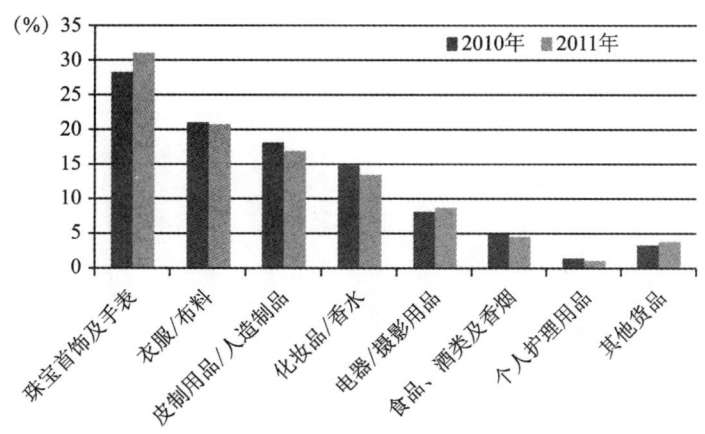

图 2-33 2010 年与 2011 年中国内地游客在港单项消费情况对比

资料来源：香港旅游发展局。

（六）内地游客满意度

2011年内地访港游客满意度较2010年有明显提高，尤其是对"商品物有所值"的满意度水平提高了4.58%。

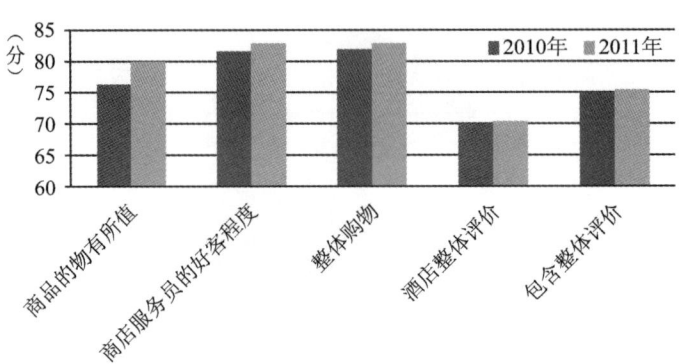

图2-34　2010年和2011年中国内地游客赴香港满意度水平（满分为100）

资料来源：香港旅游发展局。

二、中国澳门

（一）内地游客统计信息

1. 中国内地游客赴澳门市场趋于稳定，旅游高峰集中在下半年

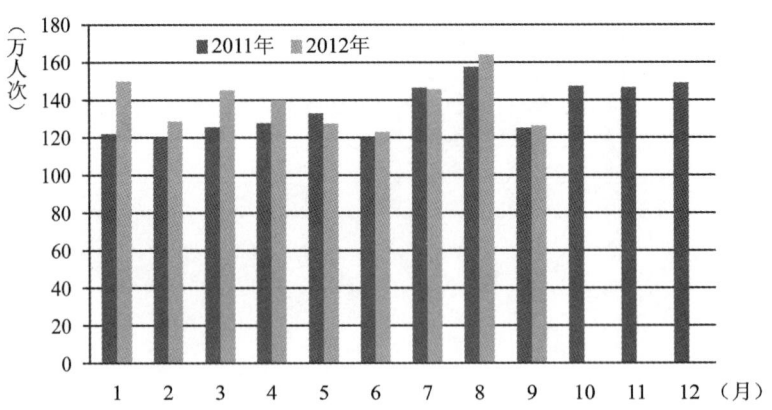

图2-35　2011年和2012年各月份中国内地游客赴澳门旅游人次

资料来源：根据澳门特区政府旅游局官方网站整理。

2. 内地游客主要通过陆路交通方式访澳

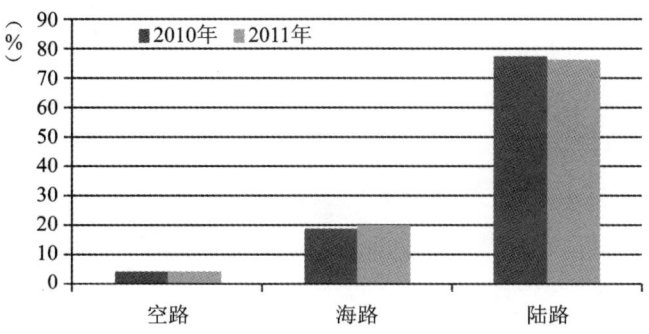

图 2-36　2010 年和 2011 年中国内地游客赴澳门旅游交通方式情况

资料来源：根据澳门特区政府旅游局官方网站整理。

（二）内地赴澳门游客人口特征统计

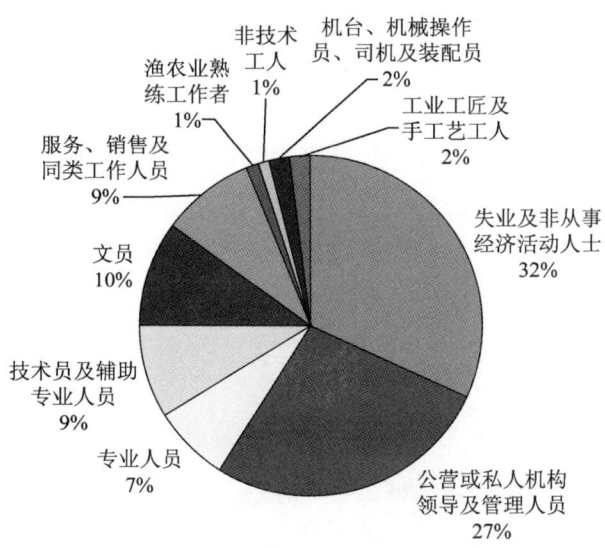

图 2-37　2011 年中国内地赴澳门游客职业分布

资料来源：根据澳门特区政府旅游局官方网站整理。

(三) 内地游客赴澳门旅游消费决策特征

度假仍是内地游客赴澳门旅游的主要目的，此项比例为66%，与2011年相比出现下滑趋势；以探亲访友和博彩目的赴澳门的游客比例趋于稳定，分别占7%和5%。

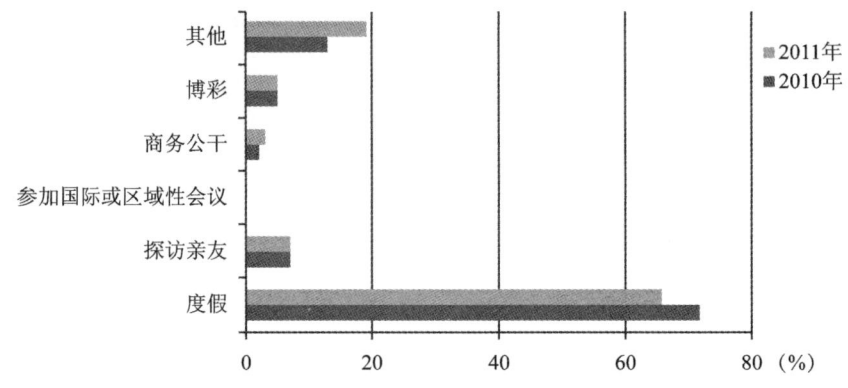

图2-38 2011年中国内地游客赴澳门旅游目的分布

资料来源：根据澳门特区政府旅游局官方网站整理。

(四) 内地游客赴澳门旅游的消费结构特征

1. 内地游客赴澳门旅游主要选择星级酒店入住，尤其以高星级酒店为主

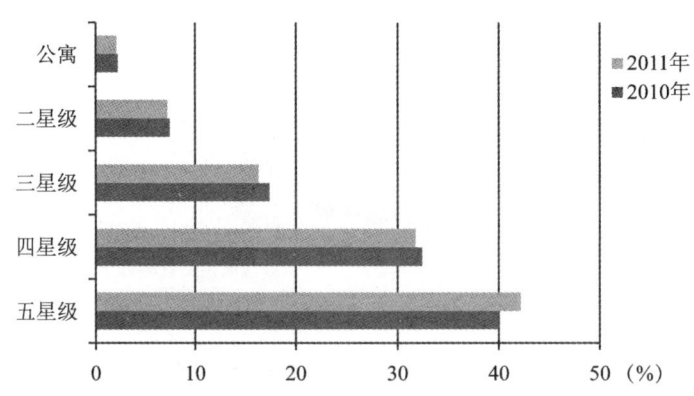

图2-39 内地游客赴澳门旅游期间的住宿情况

资料来源：根据澳门特区政府旅游局官方网站整理。

2. 内地赴澳门的游客中，入住五星级酒店的游客在澳门停留时间最长

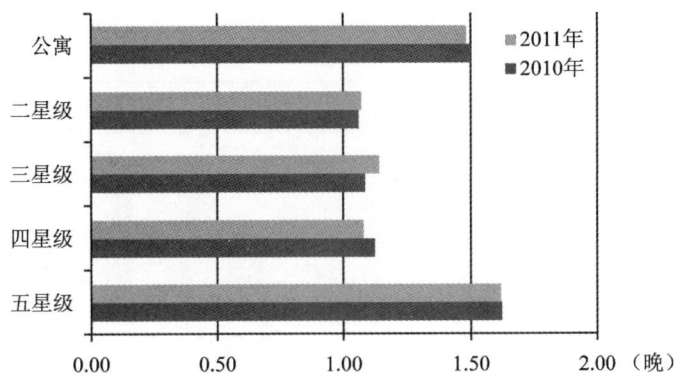

图 2-40　内地游客赴澳门旅游期间入住酒店平均停留时间

资料来源：根据澳门特区政府旅游局官方网站整理。

3. 内地赴澳门游客的购物消费有所下降，但购物仍为赴澳门游客的主要消费项目

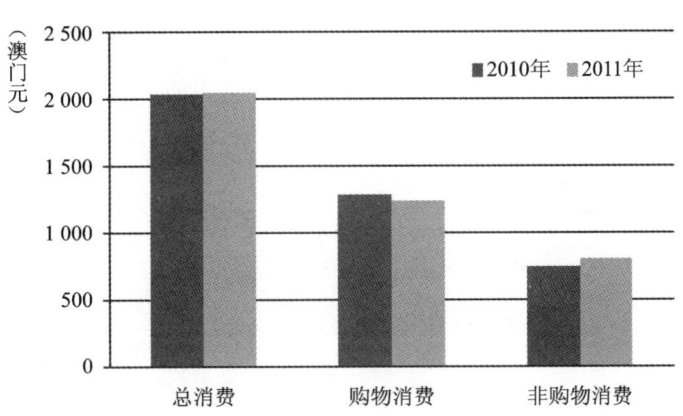

图 2-41　2010 年和 2011 年中国内地游客在澳门旅游人均消费总体情况

资料来源：根据澳门特区政府旅游局官方网站整理。

4. 珠宝/手表、成衣、食物等为内地游客在澳门的主要购物项目

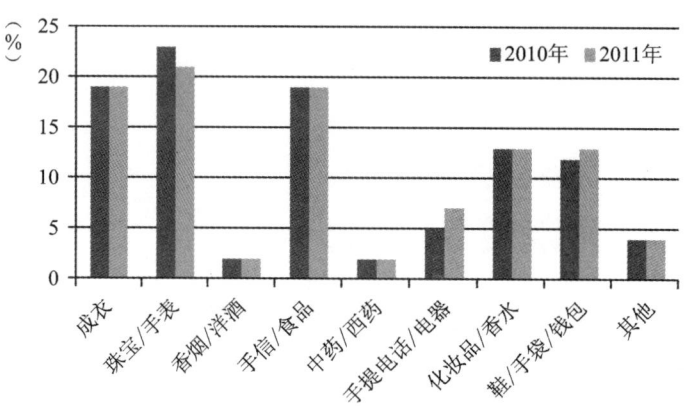

图 2-42　2010 年和 2011 年中国内地游客在澳门购物消费情况

资料来源：根据澳门特区政府旅游局官方网站整理。

5. 住宿费和餐饮费占赴澳门游客非购物消费的八成以上

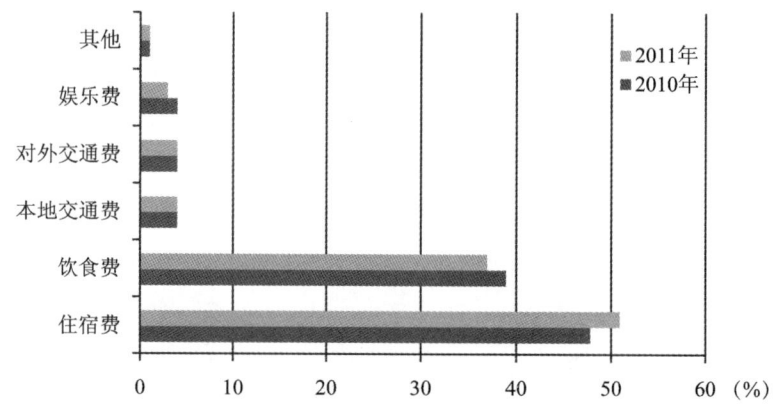

图 2-43　2010 年和 2011 年中国内地游客在澳门单项消费情况

资料来源：根据澳门特区政府旅游局官方网站整理。

6. 对购物、酒店和博彩场所服务评价最高

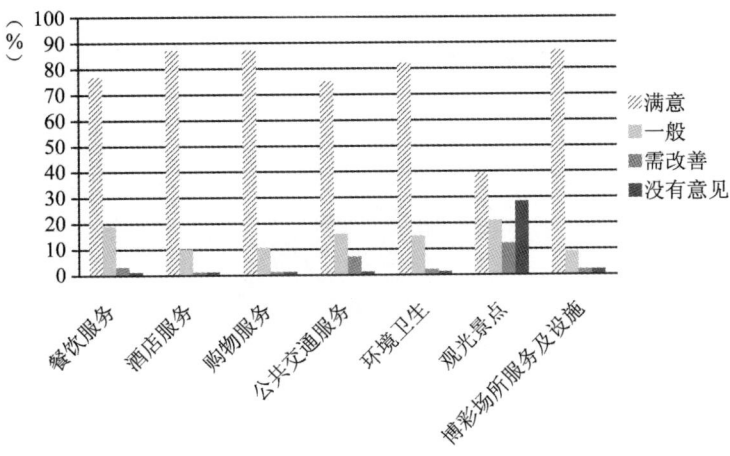

图 2-44　2011 年中国内地游客对赴澳门旅游相关项目的评价

资料来源：根据澳门特区政府旅游局官方网站整理。

三、中国台湾

（一）内地游客统计信息

较 2011 年，2012 年内地赴台湾游客的人次呈稳步增长态势。从 2011 年与 2012 年月度数据来看，4 月和 11 月为内地游客赴台湾旅游两个高峰时段。

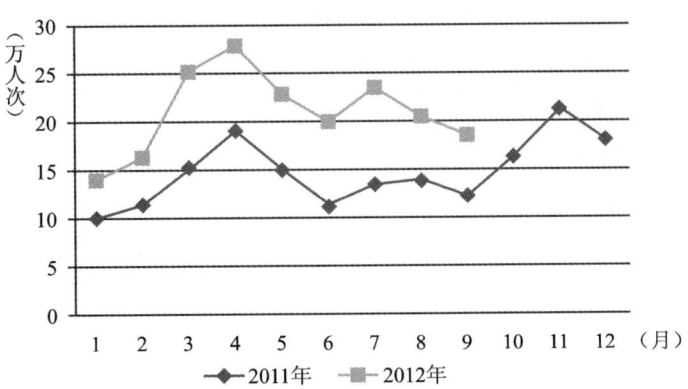

图 2-45　2011 年和 2012 年各月内地游客赴台湾旅游人次

资料来源：根据台湾相关部门资料整理。

（二）内地游客人口特征统计

1. 性别

2012年，内地赴台湾旅游者中45.35%为男性，54.65%为女性。

2. 年龄

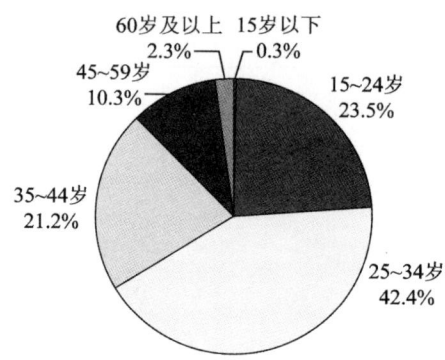

图 2-46　2011年内地赴台湾游客年龄分布

资料来源：根据台湾相关部门资料整理。

3. 职业

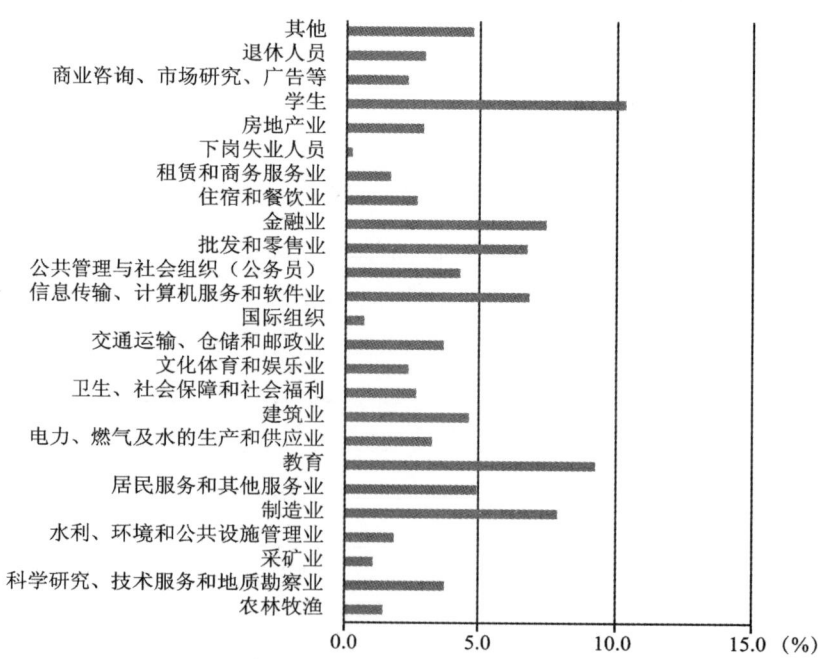

图 2-47　2011年内地赴台湾游客职业分布

资料来源：根据台湾相关部门资料整理。

（三）内地游客赴台湾旅游的消费决策特征

1. 观光为内地游客赴台湾旅游的主要目的

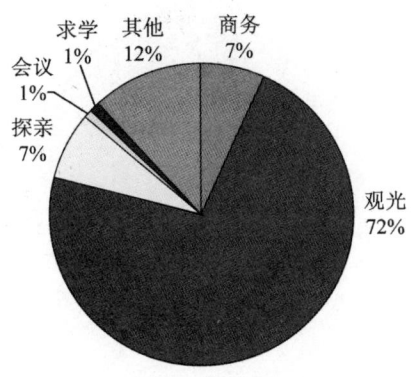

图 2－48　2011 年内地赴台湾旅游的目的分布

资料来源：根据台湾相关部门资料整理。

2. 近五成内地游客在台湾停留时间为 3～7 夜

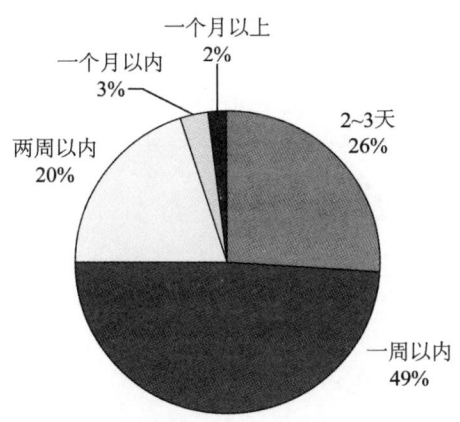

图 2－49　2011 年内地赴台湾旅游停留时间分布

资料来源：根据台湾相关部门资料整理。

（四）内地游客的消费结构特征

1. 消费水平稍有增长

2011 年内地赴台湾游客平均每人每天消费 270.31 美元，与 2010 年同期（245.43 美元）相比增长 10.14%。

2. 购物消费所占比例较大

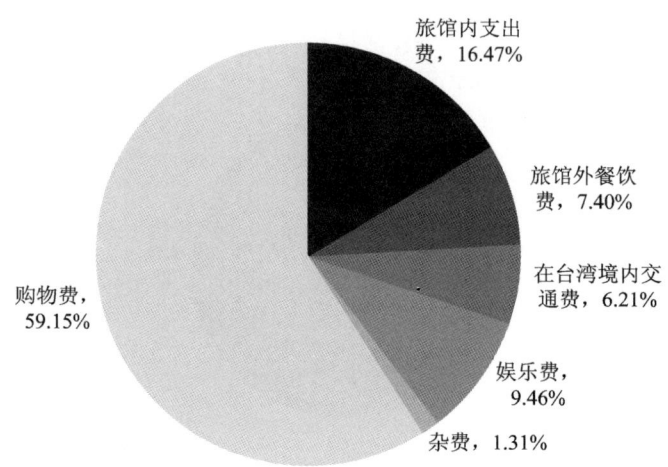

图 2-50　2011 年内地赴台湾旅游消费总结构

资料来源：根据台湾相关部门资料整理。

3. 珠宝、特产等为内地游客在台湾的主要购物项目

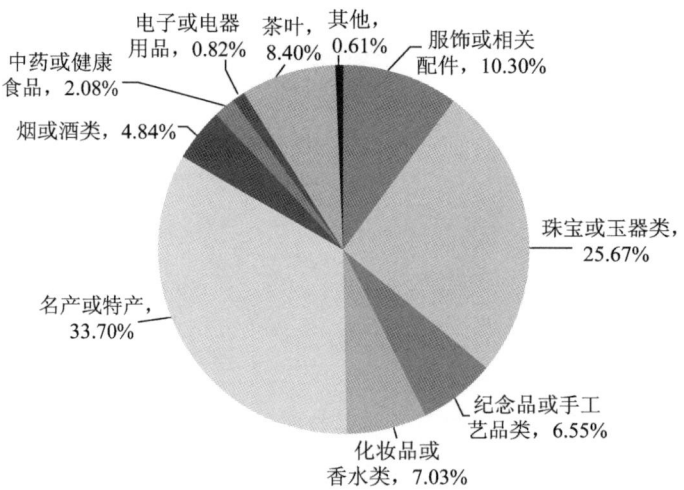

图 2-51　2011 年内地游客在台湾单项购物消费情况

资料来源：根据台湾相关部门资料整理。

四、日本

(一) 中国内地游客统计信息

1. 钓鱼岛事件对中国赴日本旅游市场造成较大冲击

虽然2012年上半年，中国赴日本旅游人次达102.46万人次，同比增长33.59%，但是受日本钓鱼岛事件影响，2012年下半年中国赴日本旅游市场受到较大冲击。

2. 自2012年8月起中国内地赴日本旅游市场出现明显回落

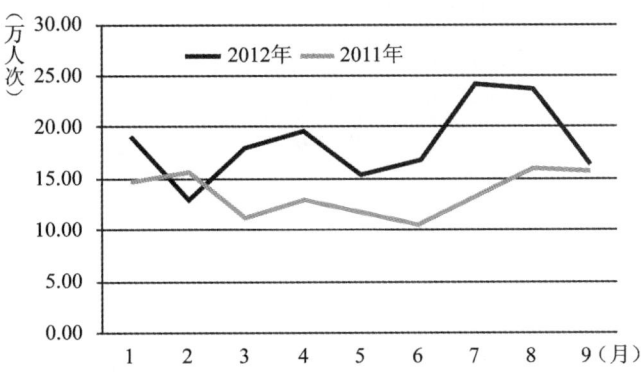

图2-52　2011年和2012年1~9月中国内地赴日本旅游人次及变化情况

资料来源：日本政府观光局。

(二) 中国内地游客消费决策影响因素

根据2012年1~9月统计数据，半数以上赴日本的中国游客是首次赴日旅游。

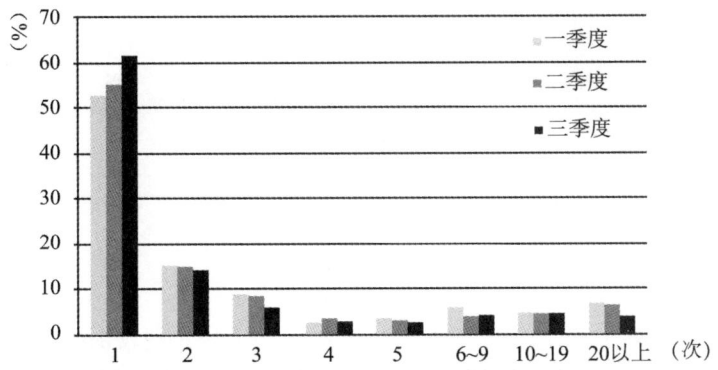

图2-53　2012年1~9月中国内地游客赴日本旅游次数分布

资料来源：日本政府观光局。

(三)中国内地游客的消费决策特征

1. 五成游客选择与家人和同事结伴而行

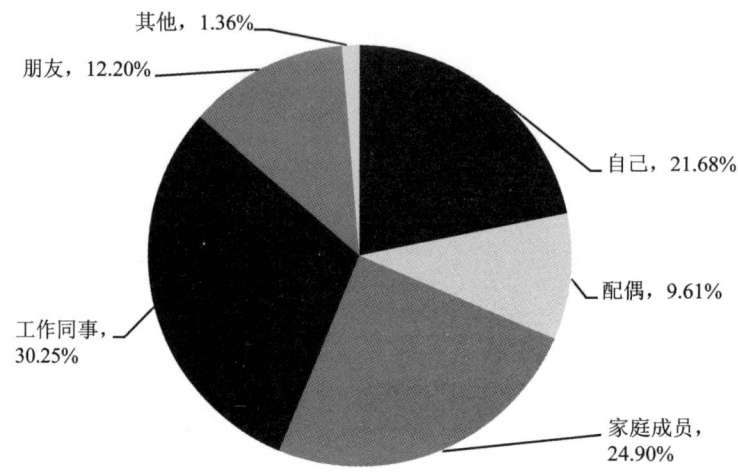

图2-54 2012年1~9月中国内地游客赴日本旅游结伴方式分布

资料来源：日本政府观光局。

2. 西方风格酒店为多数赴日本游客的住宿选择

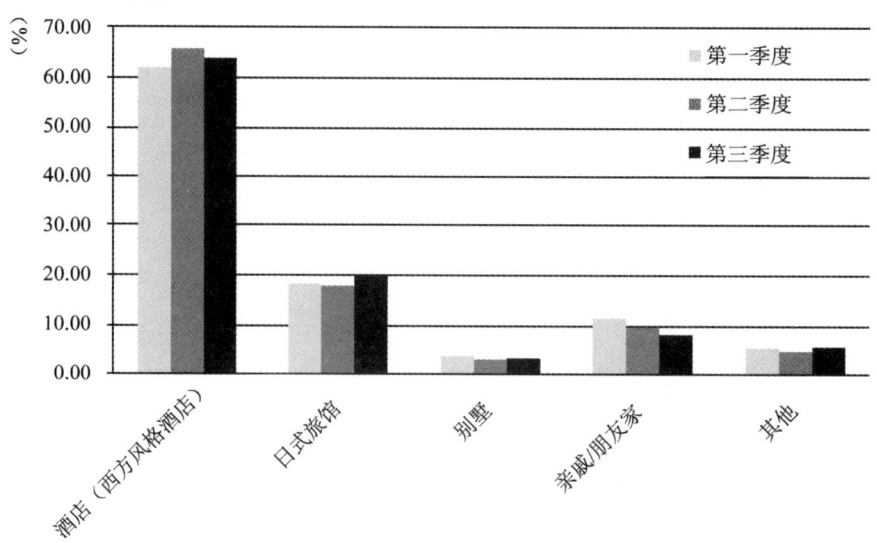

图2-55 2012年1~9月中国内地赴日本游客的住宿类型分布

资料来源：日本政府观光局。

（四）中国内地游客赴日本旅游满意度分析

1. 中国内地游客赴日本旅游总体满意度较高

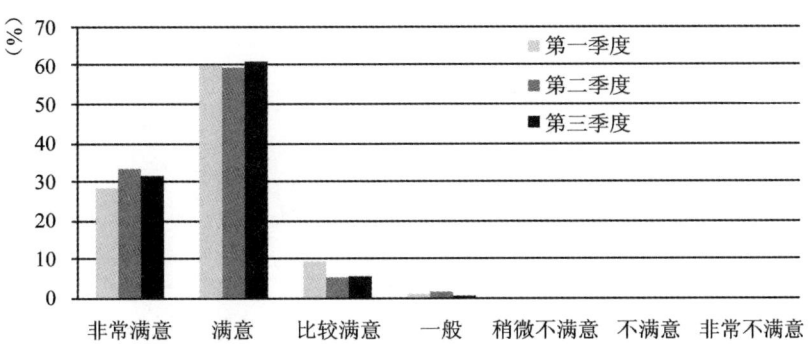

图 2-56　2011 年 1~9 月中国内地游客赴日本旅游总体满意度分布

资料来源：日本政府观光局。

2. 中国内地游客赴日本旅游意愿较强

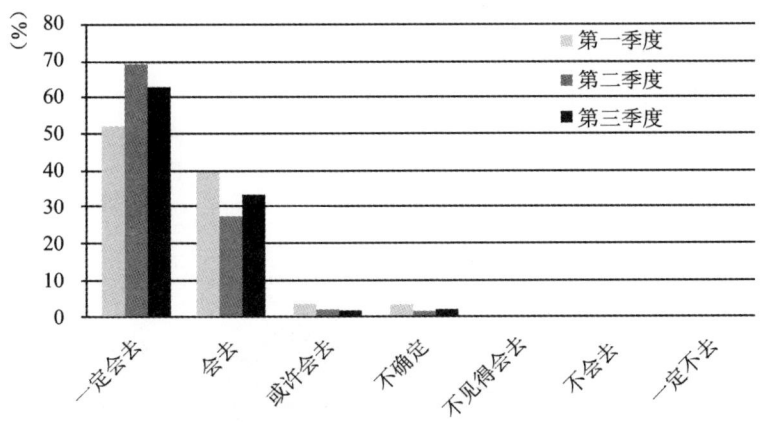

图 2-57　2011 年 1~9 月中国内地游客赴日本旅游意愿分布

资料来源：日本政府观光局。

五、美国

（一）中国内地游客统计信息

2011 年，中国内地和香港特区赴美国旅游为 108.9 万人次，同比增长36%。

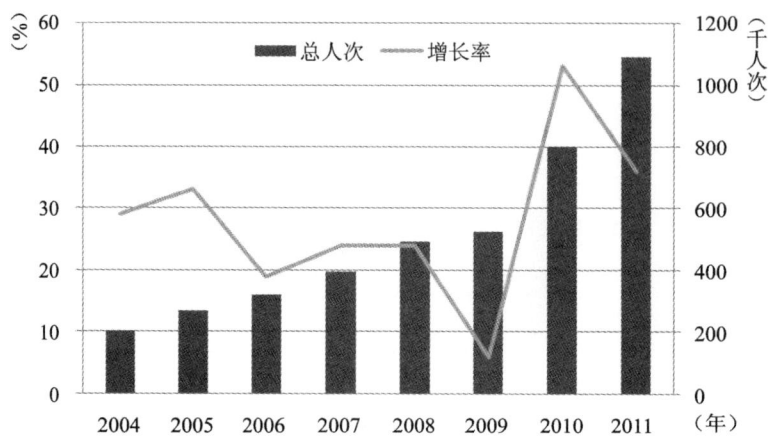

图2-58 历年来中国内地及香港赴美国游客人数及增长率情况

资料来源：美国商务部旅行及旅游业办公室。

（二）中国内地游客人文统计特征

1. 性别

2011年，中国内地前往美国的游客性别比例中，男性为57.8%，女性为42.2%。

2. 年龄

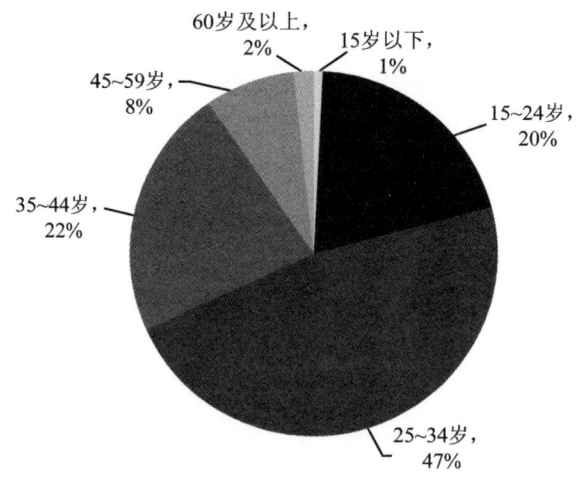

图2-59 2011年中国内地赴美国游客年龄分布

(三) 中国内地游客消费决策的影响因素

1. 休闲度假、探亲访友与修学旅游游客的比例增大，商务公务游客的比例下降

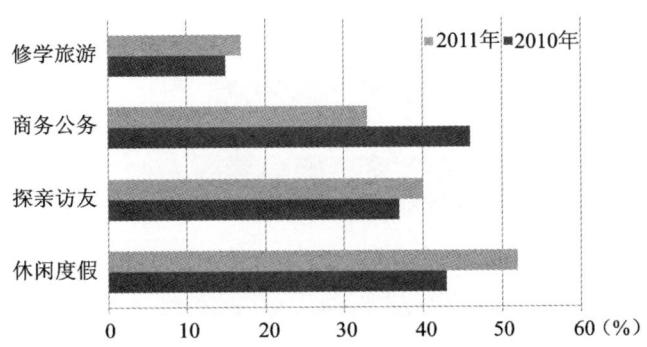

图 2-60　2010 年和 2011 年中国内地游客赴美国出行的目的

资料来源：美国商务部旅行及旅游业办公室。

2. 首次赴美国旅游的游客仍占多数

从 2011 年调查统计数据来看，43.1% 的中国游客是两次或两次以上赴美国旅游，第一次赴美国的游客的比例为 56.9%。

(四) 中国内地游客的消费决策特征

1. 购物与餐饮为中国内地游客赴美国的主要旅游项目

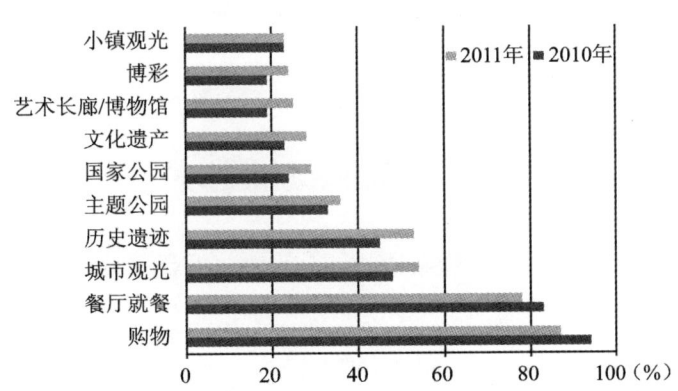

图 2-61　2010 年和 2011 年中国内地游客赴美国旅游的项目选择

资料来源：美国商务部旅行及旅游业办公室。

2. 通过网络获取旅游信息的中国内地游客比例显著扩大

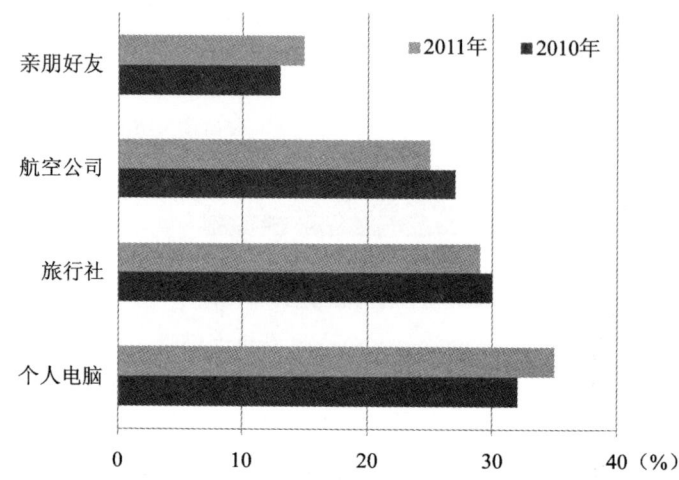

图 2-62　2010 年与 2011 年中国内地游客赴美国信息来源分布

资料来源：美国商务部旅行及旅游业办公室。

3. 使用租车等交通工具的游客比例显著增大

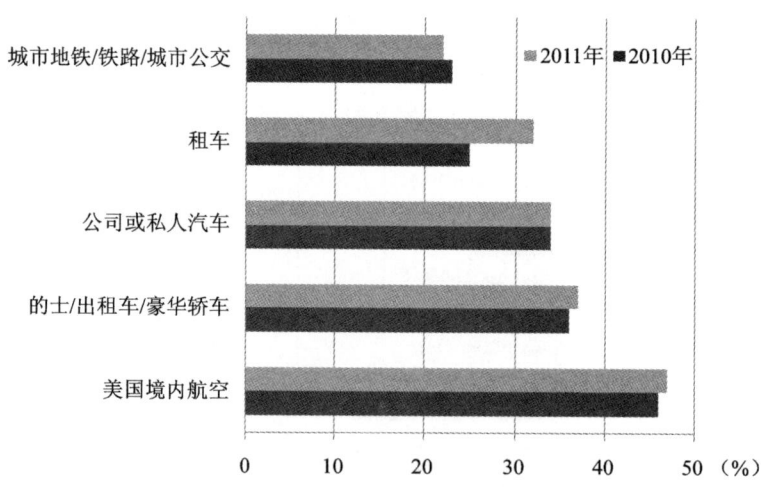

图 2-63　2009 年与 2010 年中国内地游客赴美国旅游在美国境内交通使用情况

资料来源：美国商务部旅行及旅游业办公室。

六、加拿大

(一) 中国内地游客统计信息

根据2011年各季度中国内地赴加拿大旅游人数所占比例,第三季度是中国内地游客赴加拿大旅游的高峰期。

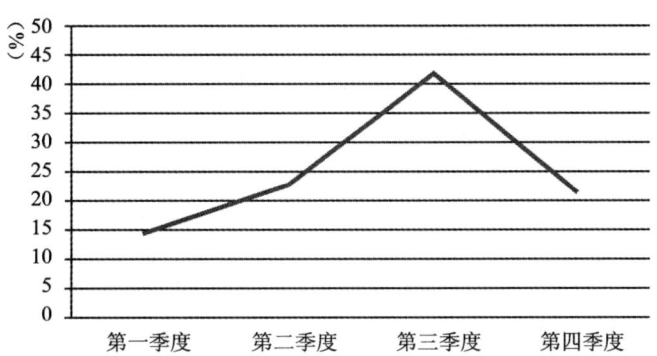

图2-64 2011年各季度中国内地赴加拿大旅游人数所占比例

资料来源:加拿大旅游局。

(二) 中国内地游客人文统计特征

1. 性别

2011年,中国内地前往加拿大的游客以男性为主,其比例为60%,女性游客的比例为40%。

2. 年龄

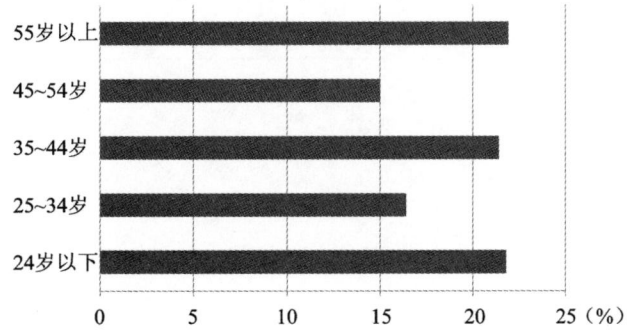

图2-65 2011年中国内地赴加拿大游客的年龄分布

资料来源:加拿大旅游局。

(三) 内地游客赴加拿大旅游的决策影响因素

2011年，中国内地游客赴加拿大旅游的主要目的是探亲访友。

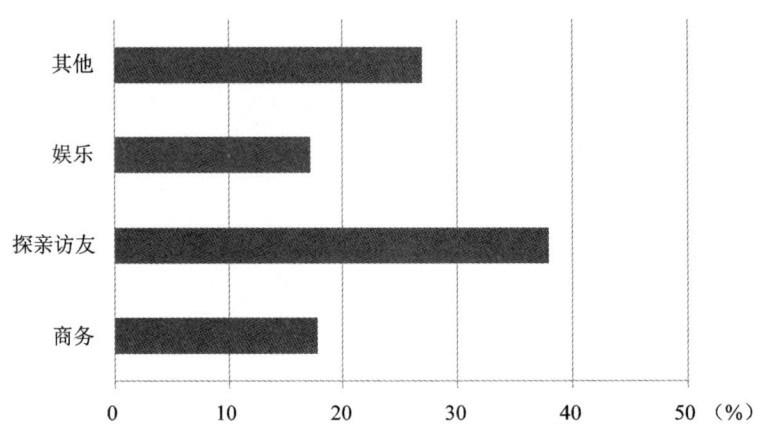

图2-66　2011年中国内地赴加拿大游客的旅游目的分布

资料来源：加拿大旅游局。

(四) 中国内地游客赴加拿大旅游的消费结构特征

1. 购物与观光为游客赴加拿大旅游的主要消费项目

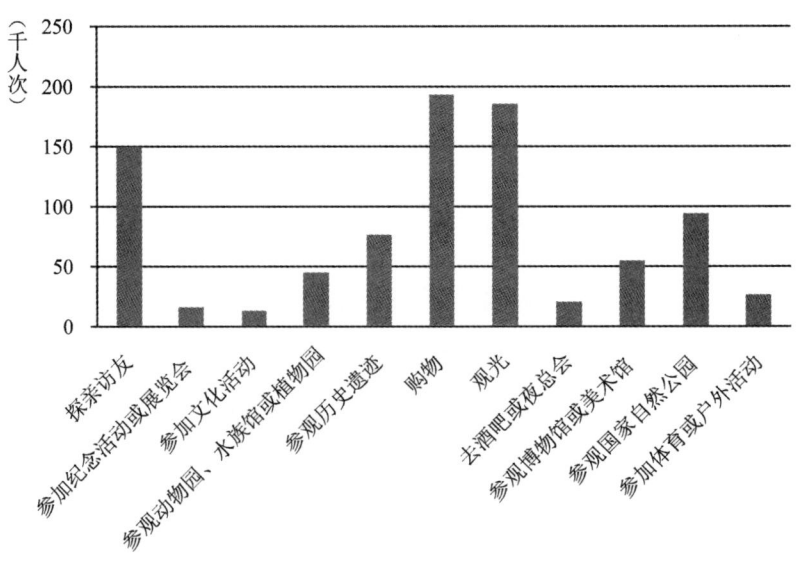

图2-67　2011年中国内地游客赴加拿大旅游的消费结构

资料来源：加拿大旅游局。

2. 酒店和亲朋好友家是中国内地游客赴加拿大旅游的主要住宿方式

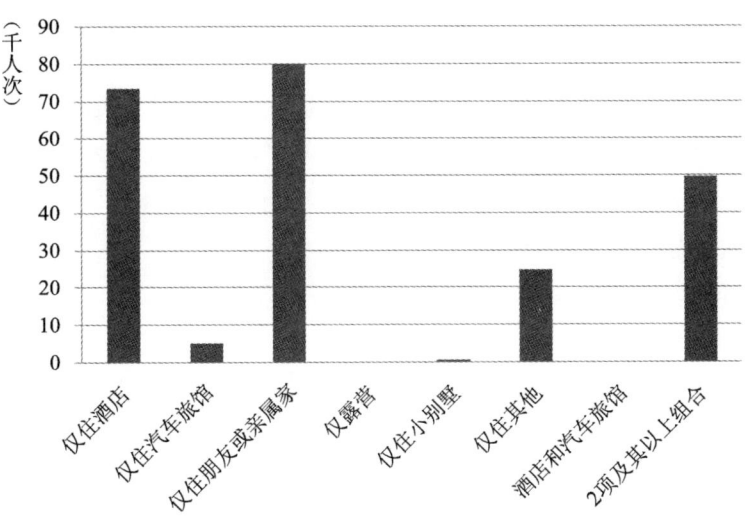

图 2-68　2011 年中国内地游客赴加拿大旅游的住宿方式

资料来源：加拿大旅游局。

3. 安大略和英国哥伦比亚是中国内地游客赴加拿大旅游的主要旅游地区

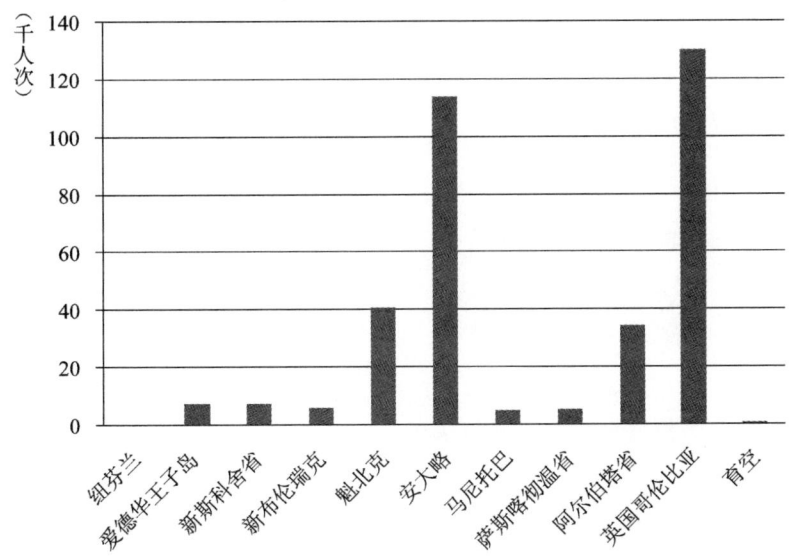

图 2-69　2011 年中国内地游客赴加拿大旅游的主要旅游地区

资料来源：加拿大旅游局。

七、南非

（一）中国游客（包括中国内地和中国香港游客）统计信息

2012年1~6月，中国内地和中国香港赴南非旅游总人次为66 272人次，较2011年同期增长68.4%。从2011年和2012年月度数据来看，2012年1月是中国游客赴南非旅游的主要时期。

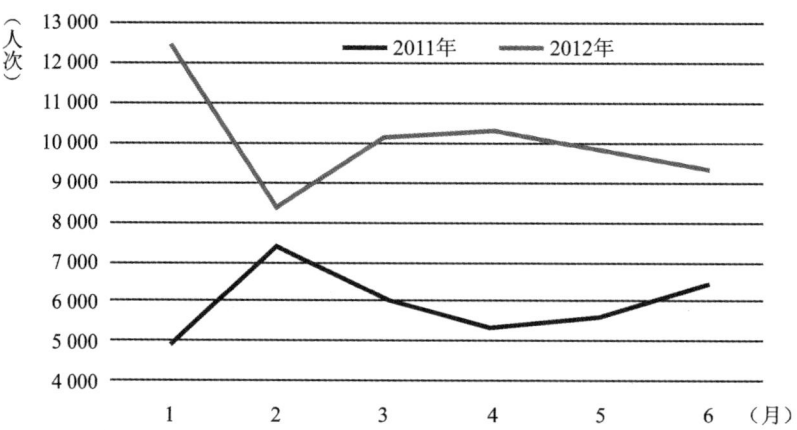

图2-70　2011年和2012年中国赴南非游客旅游的目的分布情况

资料来源：南非国家旅游局。

（二）中国内地游客人文统计特征

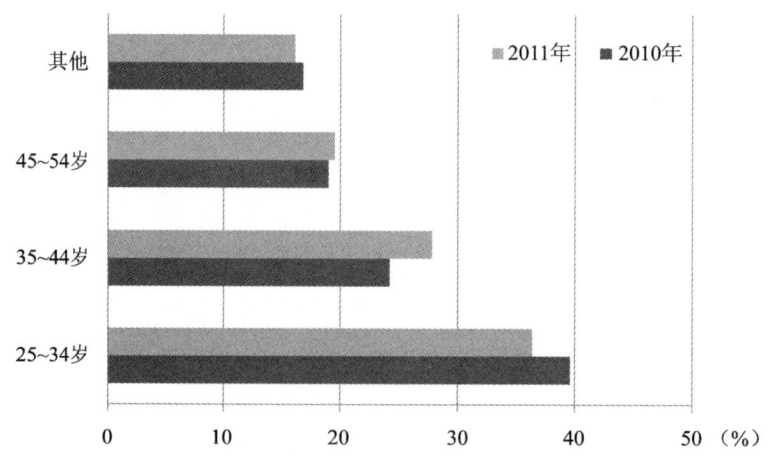

图2-71　2010年和2011年中国内地赴南非旅游者年龄分布

资料来源：南非国家旅游局。

(三) 中国内地游客的消费决策因素

1. 以度假为目的的旅游群体所占比例增大

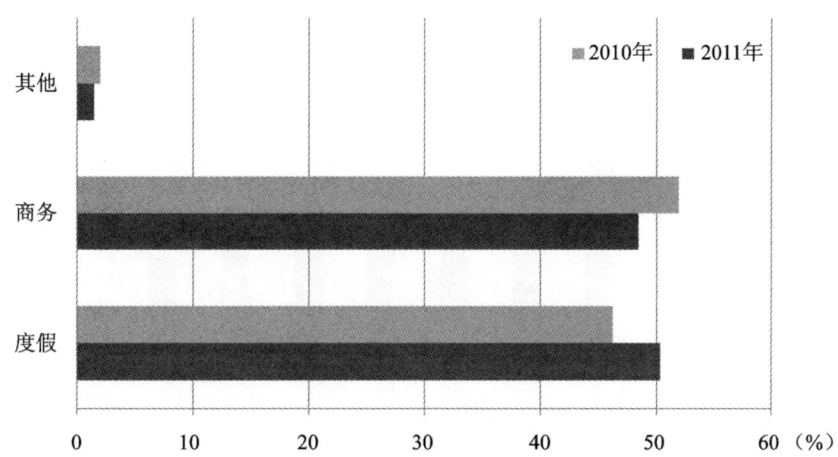

图 2-72　2010 年和 2011 年中国赴南非游客的旅游目的分布情况

资料来源：南非国家旅游局。

2. 赴南非重游率降低

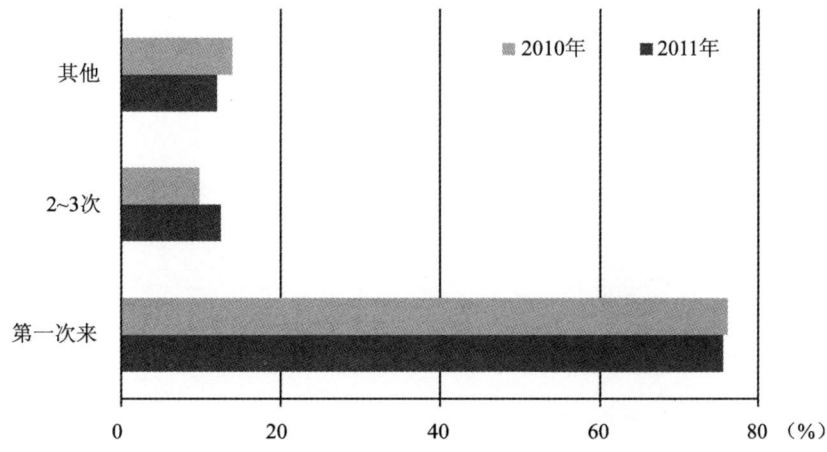

图 2-73　2010 年和 2011 年中国赴南非游客旅游次数分布情况

资料来源：南非国家旅游局。

(四) 中国内地游客的消费决策特征

1. 购物与夜生活是中国内地游客赴南非参与较多的旅游项目

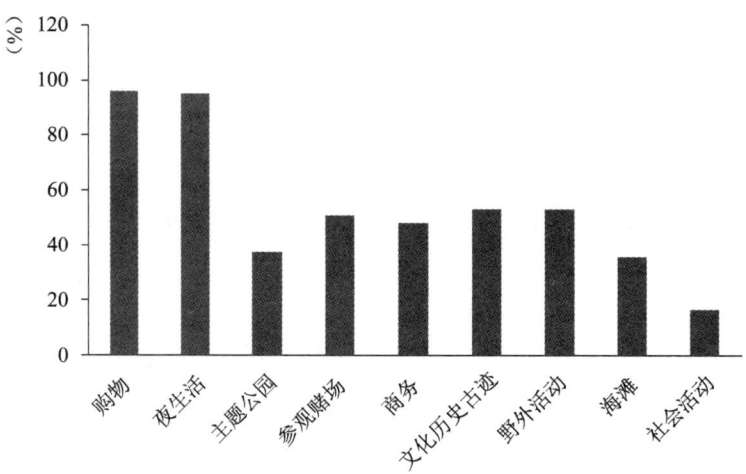

图 2-74 2011 年中国内地游客在南非旅游活动安排情况

资料来源：南非国家旅游局。

2. 停留时间多为两周左右

2011 年，中国游客在南非平均停留时间为 15.8 天。

3. 豪登省和西开普省是中国游客赴南非的主要旅游地区

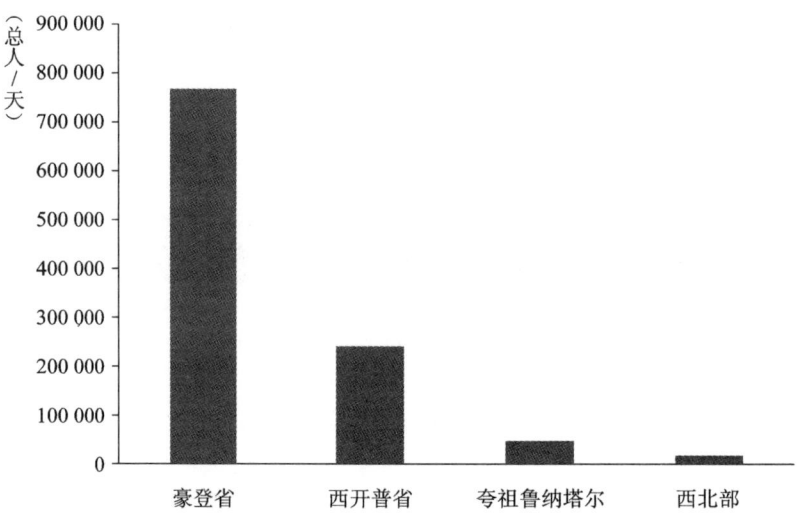

图 2-75 2011 年中国内地游客在南非各省的分布情况

资料来源：南非国家旅游局。

八、澳大利亚

(一)中国内地游客统计信息

1. 赴澳大利亚旅游人数增长率波动较大

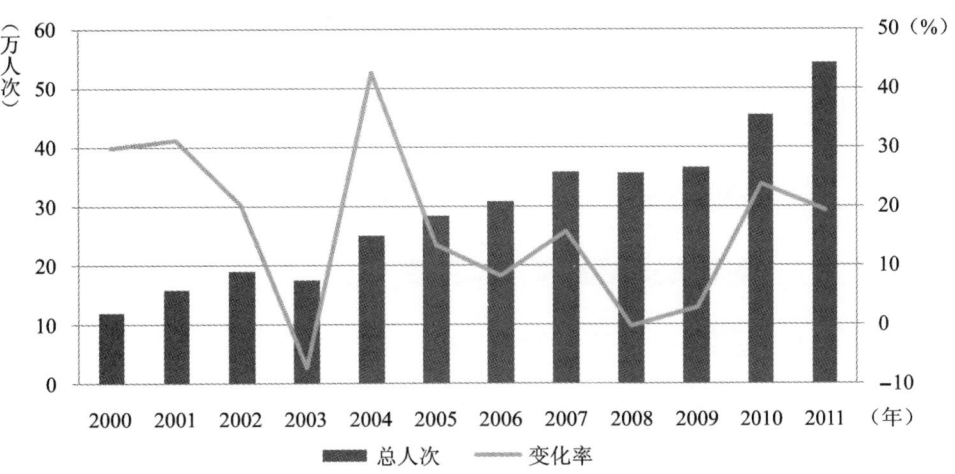

图 2-76 历年来中国内地赴澳大利亚旅游人次及变化情况

资料来源:澳大利亚国家旅游局。

(二)中国内地游客人文统计特征

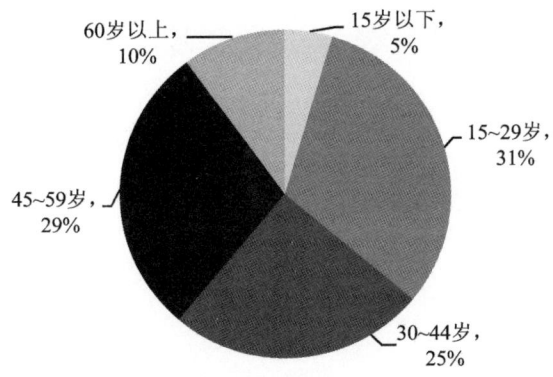

图 2-77 2011 年中国内地游客赴澳大利亚旅游年龄分布

资料来源:澳大利亚国家旅游局。

(三) 中国内地游客的消费决策特征

2011年，约53%的中国内地游客是两次及两次以上赴澳大利亚旅游，第一次赴澳大利亚旅游的中国内地游客的比例为47%。

(四) 中国内地游客的消费结构特征

1. 中国内地是澳大利亚最大的入境消费市场

2011年，中国内地游客对澳大利亚的旅游经济贡献约为38亿美元，与2010年相比同比增长15%，中国是澳大利亚最大的入境旅游消费市场。

2. 度假游客的消费水平最高、探亲访友的游客停留时间较长

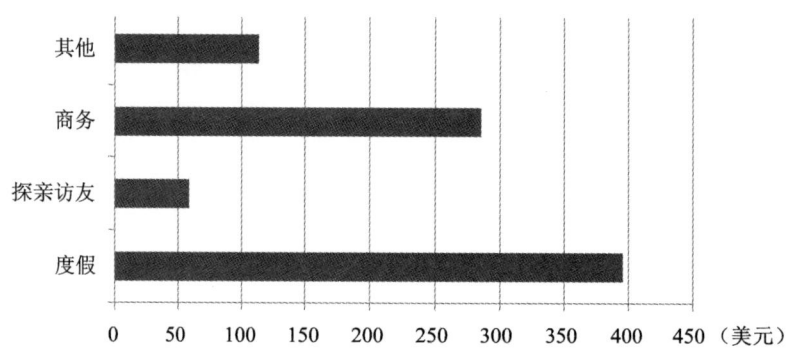

图2-78 2007—2011年平均的中国内地赴澳大利亚旅游人均每天消费分布（按旅游目的）

资料来源：澳大利亚国家旅游局。

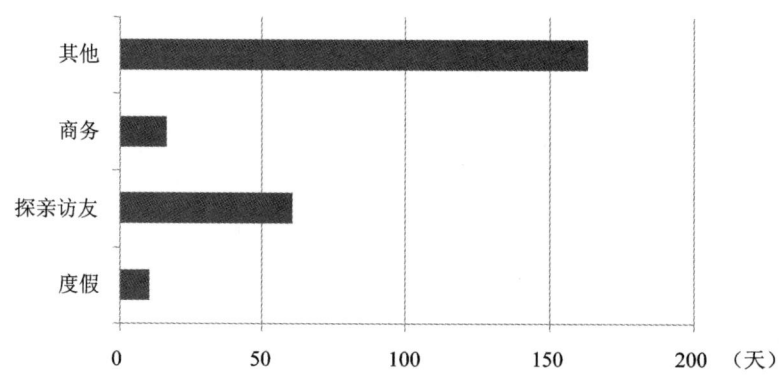

图2-79 2007—2011年平均的中国内地赴澳大利亚人均停留时长（按旅游目的）

资料来源：澳大利亚国家旅游局。

3. 中年游客的消费水平较高、青年游客停留时间较长

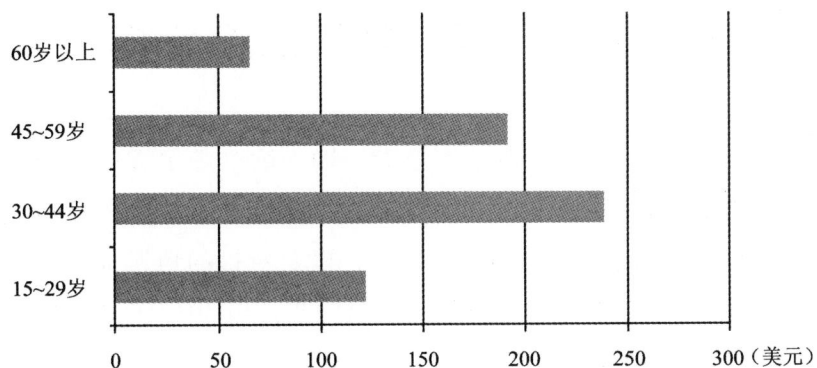

图2-80　2007—2011年平均的中国内地赴澳大利亚人均日消费分布（按游客年龄）
资料来源：澳大利亚国家旅游局。

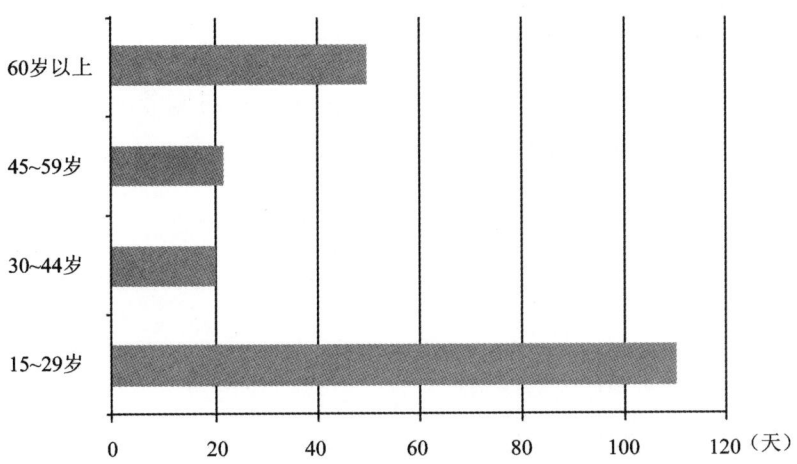

图2-81　2007—2011年平均的中国内地赴澳大利亚人均停留时长（按游客年龄）
资料来源：澳大利亚国家旅游局。

第四节 出境游客满意度分析

本节是在对出境游客"吃、住、行、游、购、娱"等多方面调查的基础上形成的。内容涉及出境游客满意度基本指标、最重要的旅游服务项目、影响满意度的因素、影响对目的地形象感知的因素,以及对目的地所提供的餐饮、住宿、交通、游览、购物和娱乐的具体评价,最后测算出2012年出境游客的综合满意度以及各项质量感知指数。

一、游客满意度统计分析

出境游客预期值高于对目的地旅游形象和目的地整体服务水平的感知值,从而导致游客满意度较低。出境游客对交通、娱乐、旅行社服务的评价较高,但对住宿、餐饮和购物的评价较低。相比2011年顾客对服务质量的感知,2012年游客对服务质量的感知满意度普遍提升。

表2-1 出境游客满意度

结构变量	测量变量	指数	
		2011年	2012年
旅游地形象	目的地旅游业的形象	76.44	77.55
	目的地的整体服务水平	75.57	77.21
游客预期	旅游质量的总体预期	77.95	78.78
	旅游服务质量的预期	74.46	77.97
服务质量感知	总体服务质量	74.42	77.88
	旅游交通	75.28	76.55
	旅游餐饮	74.62	75.49
	旅游住宿	73.48	75.34
	旅游购物	73.97	75.43

续表

结构变量	测量变量	指数 2011年	指数 2012年
服务质量感知	旅游娱乐	73.33	76.94
	旅游景点	74.64	75.78
	旅行社服务	75.27	76.89
	旅游公共服务	72.03	75.89
游客感知价值	旅游价格是否合理	72.55	75.08
	与旅游定位相比旅游质量	71.41	74.97
游客满意度	总体满意程度	72.36	75.08
	与预期相比满意程度	73.61	72.34
	与理想中相比的满意程度	66.95	70.93
游客忠诚度	未来重游的可能性	62.43	75.38
	再次选择该旅行社的可能性	69.80	75.28
	推荐亲友到该国旅游的可能性	63.95	75.17

二、综合满意度与旅游要素质量感知指数

2012年，出境游客满意度指数为84.75，该指数与2011年的82.23相比有所提升。其中，游客对娱乐和旅行社的评价较高，分别为76.94和76.89。然而，对旅游住宿的评价较低，满意度指数只有75.34。2012年，游客出境旅游忠诚度出现显著上升，其总体指数为110.29。

第三章
2012年中国出境旅游产业运营特征

2012年，欧美主权债务危机持续发酵，世界经济增速普遍放缓。在外需疲软的情势下，我国经济经过改革开放以来的高速增长，也开始进入结构调整的重要时期，潜在增速下调已成为各界共识。虽然宏观经济的利空影响不断，但是在多年来蓄积的强大出境旅游需求支撑下，在政府和业界的共同努力下，以及在人民币"内贬外升"导致的性价比逆转的驱动下，2012年，中国公民出境旅游市场依旧呈现出喜人的高速增长，产业主体经营绩效向好，产品创新步伐加快。

第一节 出境旅游产业主体基本面

截至2012年9月底，中国经济增速已连续7个季度下滑，2012年全年"保八"基本无望。宏观经济对旅行社业发展带来利空影响，但是从总体来看，2012年出境游组团社依旧呈现出较为喜人的发展态势，行业规模继续扩张，可持续发展的基础不断夯实。

一、行业规模与区域分布不均继续凸显

随着市场化改革的不断推进，旅游行政主管部门对包括出境游组团社在内的旅行社业的监管，逐渐从经营过程主导型监管向行政许可主导型监管过渡，开放成为规制的基本主线，促使获权经营出境旅游的旅行社越来越多。截至2012年10月底，我国具有出境旅游业务资质的旅行社共计1 662家（包括2011年5月批准的3家试点经营出境旅游的中外合资旅行社）。较2011年同期增加了425家。

依托更加充足的出境旅游客源，经济相对发达地区的出境组团社数量增长更为迅速。目前，居前五位（CR5）的北京、广东、山东、浙江和辽宁分布的出境组团社占全国总数的 45.37%，所占比例继续微升。而列居前十位地区（CR10）的占比依然高达 63.38%。相比之下，处于后五位地区拥有的出境组团社仅占总数的 3.01%，后十位地区的占比也仅为 11.43%，占比均较 2011 年进一步微降。各省市区具体分布如图 3-1 所示（包括 3 家试点合资社）。

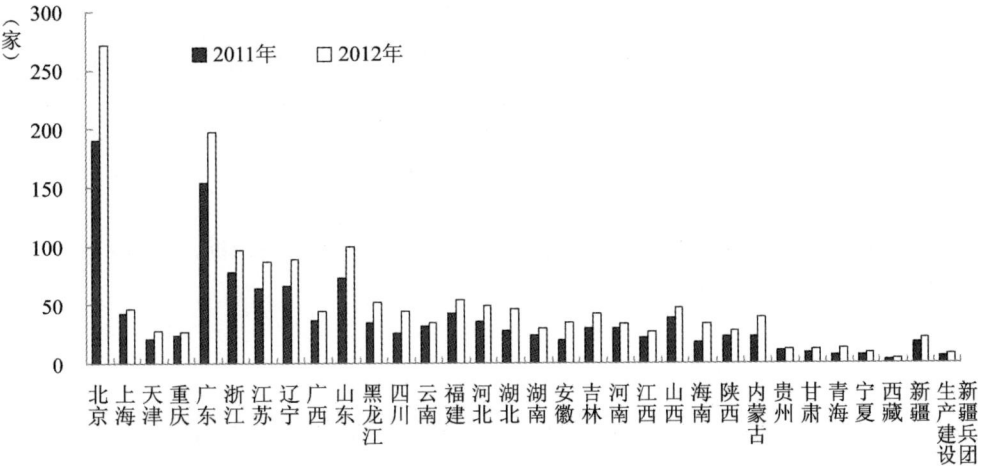

图 3-1　经营中国公民出境旅游业务旅行社的地域分布

资料来源：根据国家旅游局网站资料整理。

2012 年 8 月 1 日，中国海峡两岸旅游交流协会根据各地的旅游发展、赴台湾旅游市场的规模和交通条件，在已开放三批共 164 家赴台湾旅游组团社的基础上，进一步确定开放了第四批赴台湾旅游组团社名单，涉及 28 个省（区、市）52 家旅行社。至此，中国内地居民赴台湾旅游组团社增至 216 家。虽然开放面越来越广，但获权组团社同样呈现非均衡性分布，东部沿海地区数量显著，仅北京、广东、浙江和福建四地之和就占全国的 31%，而中西部地区所拥有的获权组团社依旧相对较少，如图 3-2 所示。

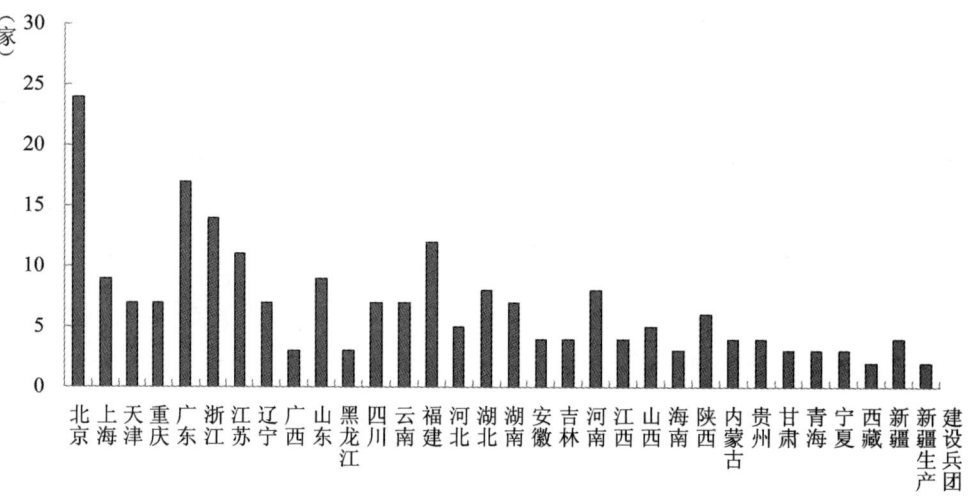

图 3-2　指定经营内地居民赴台湾旅游业务旅行社名单（前四批，共 216 家）

资料来源：根据国家旅游局网站资料整理。

二、"营改增"试点扩大有助于规范经营和利润空间释放

2012 年 7 月 25 日主持召开的国务院常务会议，决定扩大营业税改征增值税试点范围，自 2012 年 8 月 1 日起至年底，将交通运输业和部分现代服务业营业税改征增值税试点范围，由上海市分批扩大至北京、天津、江苏、浙江、安徽、福建、湖北、广东和宁波、厦门、深圳 10 个省（直辖市、计划单列市）。2013 年继续扩大试点地区，并选择部分行业在全国范围试点。一方面，旅行社是典型的代收代付行业，营业税改增值税，即税基由营业额回归至资本增值份额，且税率由 5% 下降为 3%，旅行社将获得较为明显的减负，这对本就利薄的旅行社业而言无疑是一项长期利好的举措。另一方面，旅行社经营中的许多支出较为含混不清，特别是在带领游客在无法提供发票的小型餐馆就餐，或者承接会议时会务费用与旅游费用的区分等方面，营业税改增值税，将通过税收这一经济杠杆督促旅行社财务制度规范化发展。

三、出境旅游需求的常态化助推组团社业务经营平稳化发展

一方面，由于越来越多的居民更多地选择错峰出游，并更加理性地考量在平时选择性价比更高的旅游产品。另一方面，旅行社在国庆或春节黄金周期间可以获取的资源价高且量少，操作的成本和难度都明显增加。两方面原因共同作用，假日出境旅游风光不再，越来越多的旅行社将业务重点不断向平日分散。2012年"十一"黄金周期间，广之旅出国游收客约6 900人，同比增长18%。广东青旅国庆期间的出境业务增速不如平常。随着带薪休假制度执行率越来越高，旅行社出境旅游经营将呈现更加明显的平稳性和连续性。

四、国际业务合作由增量主导期向存量主导期过渡

目前，与中国政府签订ADS协议的国家和地区超过140个，正式实施开放的旅游目的地达114个，仅较2011年增加3个（具体见表3-1）。可以说，当前时期，出境组团社在国际业务合作中并不关注在新开放目的地寻找新的合作伙伴以占得先机，而是更多地将精力投入到在已有合作中优中选优。

表3-1 正式实施开放的旅游目的地一览表

年份	亚洲 （32）	大洋洲 （10）	欧洲 （38）	非洲 （17）	美洲 （17）
1983—1992	中国香港、中国澳门、泰国、新加坡、马来西亚、菲律宾				
1998	韩国				
1999		澳大利亚、新西兰			
2000	日本、越南、柬埔寨、缅甸、文莱				

续表

年份	亚洲（32）	大洋洲（10）	欧洲（38）	非洲（17）	美洲（17）
2002	尼泊尔、印度尼西亚		马耳他、土耳其	埃及	
2003	印度、马尔代夫、斯里兰卡、巴基斯坦		德国、克罗地亚、匈牙利	南非	古巴
2004	约旦、塞浦路斯		希腊、法国、荷兰、比利时、卢森堡、葡萄牙、西班牙、意大利、奥地利、芬兰、瑞典、捷克、爱沙尼亚、拉脱维亚、立陶宛、波兰、斯洛文尼亚、斯洛伐克、丹麦、冰岛、爱尔兰、挪威、罗马尼亚、瑞士、列支敦士登	埃塞俄比亚、津巴布韦、坦桑尼亚、毛里求斯、突尼斯、塞舌尔、肯尼亚、赞比亚	
2005	老挝	北马里亚纳群岛联邦、斐济、瓦努阿图	英国、智利、俄罗斯		牙买加、巴西、墨西哥、秘鲁、安提瓜和巴布达、巴巴多斯
2006	蒙古	汤加			格林纳达、巴哈马
2007	孟加拉、叙利亚、阿曼		安道尔、保加利亚、摩纳哥	乌干达、摩洛哥、纳米比亚	阿根廷、委内瑞拉
2008	中国台湾、以色列	法属波利尼西亚			美国

续表

年份	亚洲（32）	大洋洲（10）	欧洲（38）	非洲（17）	美洲（17）
2009	阿拉伯联合酋长国	巴布亚新几内亚	黑山共和国	佛得角、加纳、马里	圭亚那、厄瓜多尔、多米尼克
2010	朝鲜、乌兹别克斯坦、黎巴嫩	密克罗尼西亚	塞尔维亚共和国		加拿大
2011	伊朗				
2012	萨摩亚独立国		马达加斯加	哥伦比亚	

资料来源：根据国家旅游局网站整理。

按照中国政府与各国签订的 ADS 协议，境外目的地政府需要批准指定资质优良的本地旅行社作为 ADS 地接旅行社（各目的地政府制定地接社数量见表 3-2），以保障中国公民在境外旅游的权益和维持旅游服务品质。

表 3-2　各目的地政府指定接待中国旅游团的旅行社数量

国家和地区	旅行社数量	国家和地区	旅行社数量	国家和地区	旅行社数量
中国台湾	403	俄罗斯	283	德国	847
马里	157	牙买加	21	希腊	1930
巴布亚新几内亚	14	智利	17	匈牙利	56
阿拉伯联合酋长国	260	英国	126	意大利	793
多米尼加	4	瓦努阿图政府	3	拉脱维亚	15
厄瓜多尔	543	斐济政府	8	立陶宛	47
加纳	21	北马里亚纳群岛联邦	4	卢森堡	1
黑山共和国	6	赞比亚	100	马耳他	121
圭亚那	6	肯尼亚	50	荷兰	66
佛得角	5	塞舌尔	4	波兰	91
中国香港	246	突尼斯	13	葡萄牙	167
保加利亚	248	毛里求斯	33	斯洛伐克	40
纳米比亚	22	坦桑尼亚	30	斯洛文尼亚	7

续表

国家和地区	旅行社数量	国家和地区	旅行社数量	国家和地区	旅行社数量
摩洛哥	45	津巴布韦	17	西班牙	182
阿曼	26	约旦	45	瑞典	19
叙利亚	20	埃塞俄比亚	28	埃及	115
挪威	27	丹麦	25	土耳其	318
阿根廷	20	冰岛	70	印度尼西亚	90
安道尔	13	古巴	8	尼泊尔	77
孟加拉	75	巴基斯坦	8	文莱	34
委内瑞拉	5	克罗地亚	12	缅甸	51
乌干达	8	南非	16	柬埔寨	54
巴哈马	6	斯里兰卡	106	越南	42
格林纳达	5	马尔代夫	32	日本	219
汤加	10	印度	768	韩国	180
蒙古	12	奥地利	87	新西兰	24
老挝	21	比利时	148	澳大利亚	57
巴巴多斯	38	塞浦路斯	93	马来西亚	93
安提瓜和巴布达	3	捷克	112	新加坡	79
秘鲁	64	爱沙尼亚	20	泰国	336
墨西哥	90	芬兰	63	中国澳门	74
巴西	52	法国	413	美国	149
乌兹别克斯坦	26	塞尔维亚	6	加拿大	27
黎巴嫩	23	密克罗尼西亚	指定4个州的旅游局来联洽协调	朝鲜	11
伊朗	20	菲律宾	10	瑞士	44
以色列	72				
哥伦比亚	98	马达加斯加	292	法属波利尼西亚	15

资料来源：国家旅游局网站，截至 2012 年 11 月 2 日。

第二节 出境旅游产业主体市场运营态势

旅行社组织出境游旅客量约占其组织游客总量的12%，但营业收入所占的比例却超过25%。可以说，出境游业务已成为多数出境组团社的利润中心。在出境旅游买方市场格局不断深化的大背景下，客源越来越取代机位、客房、旅游大巴等排他性资源，成为旅行社直接争夺的焦点。而宏观经济相对低迷和用工成本上升，也给旅行社的经营带来挑战。

一、业态格局由资源主导型竞争向客源主导型竞争过渡

旅行社包价旅游产品生产链可分为：游客—零售终端—渠道商—组团社—批发商—供应商—地接社—资源方。旅行社作为旅游产品的"分销商"，实际上是旅游产业价值链上的"资源整合者"，如何整合上游产品资源、掌控下游的客户信息是旅行社成功的关键因素。旅行社向上整合是通过组合旅游产品六要素来开发针对不同目标群体的"包价产品"。一直以来，与国内旅游或入境旅游业务一样，在出境旅游业务运作当中，很多旅行社，特别是实力较突出的出境组团社，往往通过争夺机位、客房等排他性资源，以获得客源组织上的优势。然而，在出境旅游由卖方市场向买方市场转变发展的过程中，游客在旅游产品生产链中的基础性作用越来越明显，或者说，有客源方可盘活资源。因此，与之前通过掌握资源以吸引客源的竞争法则不同，目前的竞争格局已经前移，已转变为通过收取客源以掌控资源。正因为如此，越来越多的旅行社通过开分社、签署委托代理旅行社、成立区域性子公司等方式不断扩充收客网络。或者像南湖国旅、广之旅等旅行社通过每年高达数千万元的广告投入以占领品牌营销的制高点。而宝中模式掀起的以客源掌握资源的竞争在业界早已形成不小的震动。

二、性价比优势凸显引领组团社业务重心不断向出境游偏移

由于我国税收体系以流转税为主，也即产品价格中就包含了大量税收（如增值税和消费税），使产品价格偏高是不争的事实。与此同时，2005年7月汇

改至今，人民币对美元累计升值达 31.2%。同期 CPI 环比累计上涨 24.2%。2012 年 9 月 13 日，美国继续推出第三轮量化宽松货币政策（QE3），其他很多国家也纷纷效仿，使得人民币进一步升值的压力依旧明显。持续多年的人民币"内贬外升"，已使出境旅游与国内旅游的性价比发生逆转，一些出境游产品价格已较国内游产品更低。如深圳居民出省游的旅费大多超过 4 000 元，赴西藏、新疆等地的费用甚至超过 8 000 元。相比之下，赴香港一日游仅 99 元，2~3 日游则多在 500~1 000 元之间不等；赴韩国的团费一般在 3 200 元左右，赴日本旅游在 5 800 元上下，赴东南亚旅游的价格多在 3 000~5 000 元之间。受此影响，越来越多的游客以出境游替代国内游，而出境组团社则越来越多地将经营重点向出境游业务板块转移，从而收缩国内游和入境游业务的比例。如广东青旅是做入境旅游的传统大社，如今其出境游业务比例已达其入境游业务量的 2.2 倍。

三、线上线下相向发展难以逾越比较优势的鸿沟

不可否认，近年来携程、去哪儿、芒果网、同程网、艺龙、乐途网、驴妈妈、途牛、逸游网、酷讯、真旅网、到到网、遨游网、欣欣旅游网等在线服务商的快速崛起，已经成为旅游业壮大发展的重要力量。而为了将线上旅游产品更加完整地落地，包括携程在内的许多电商加快步伐收购传统旅行社，并在目的地服务体系建设方面不遗余力。与此相反，越来越多的传统旅行社认识到旅游电子商务的发展前景，也纷纷加紧建立自己的电子商务板块，以防在未来的竞争中处于劣势。如上海中旅 2012 年新成立了"差旅管理中心"，计划投入 500 万元，大力发展旅游电子商务。

然而，经过几年的线上线下相向发展，无论线上旅游企业还是线下旅游企业，都难以在对方的优势领域有突出的作为。如前几年很多出境组团社还在组建电子商务部、建立电子商务网站等方面大举投入，大有旅游电子商务"大跃进"之势，如今多数旅行社更加清醒和理性地认识到各自的所长与所短，加之线上发展的投入难以获得相匹配的回报，扩大投入的热情逐渐降温。同样，线上企业因在从游客到零售终端、继而到资源方的全产业链整合上不具备优势，除了在股权收购方面有所进展外，并没能将其品牌价值、企业整体实力和线上优势转化为令人鼓舞的线下生产力。

四、经济增速趋缓与人力成本上升,致使盈利水平下降

1. 宏观经济增速下行影响组团社获利水平

2012年第一、二季度全国旅行社统计调查情况公报显示,虽然上半年全国旅行社组织出境游人次再创新高,达1 185.95万人次,同比增长42.71%。但与2011年同期的情况相似(2011年上半年全国旅行社组织出境游人次达831.03万人次,同比增长32.27%),大多旺丁不旺财,赢利水平远跟不上组团人次的增长速度,这与宏观经济不景气不断向旅游业传导有直接关系。毕竟,旅行社为了维持业绩,必定主动压缩利润空间稍低的价格吸引足量的客源。2012年的旅行社财务数据还没有统计完成,但与2011年的总体情况(见表3-3)有较多的相似,有较强的对照意义。由该表可以看出,2011年全国出境组团社在净资产收益率、主营业务利润率、总资产增长率几项指标上的经营情况都呈现不同程度的下滑。具体来说,有46.67%的省市区的出境组团社的净资产收益率出现下降,而分别有50%和53.33%的省市区的出境组团社在主营业务利润率和总资产增长率两项指标上较2010年有所下滑。

表3-3 2011年出境组团社的主要财务指标表现

	净资产收益率(%)		主营业务利润率(%)		总资产增长率(%)	
	2010年	2011年	2010年	2011年	2010年	2011年
全国	14.29	12.70	1.60	1.30	27.01	15.72
北京	10.49	9.29	1.78	1.89	31.61	17.49
天津	3.10	8.41	-0.75	0.88	9.26	5.89
河北	0.04	2.43	0.42	0.34	7.51	74.61
山西	2.58	-5.40	0.15	-0.08	23.78	11.66
内蒙古	9.95	9.99	1.98	1.37	53.16	26.79
辽宁	11.75	2.73	0.92	0.20	21.06	33.84
吉林	-0.48	2.13	-0.72	0.12	3.48	13.00
黑龙江	15.36	13.03	1.92	2.00	26.22	29.43
上海	29.22	20.28	4.36	2.59	41.77	8.89

续表

	净资产收益率（%）		主营业务利润率（%）		总资产增长率（%）	
	2010年	2011年	2010年	2011年	2010年	2011年
江苏	14.51	13.06	0.76	0.66	26.48	5.56
浙江	19.70	14.00	1.57	0.99	40.13	7.34
安徽	12.40	21.23	1.11	1.82	28.76	8.66
福建	10.60	9.99	1.16	0.93	21.38	10.53
江西	5.97	5.72	0.82	0.38	27.51	28.78
山东	19.56	13.95	2.32	1.37	-1.46	16.15
河南	5.19	7.39	0.26	0.45	15.64	6.97
湖北	3.04	9.22	0.55	0.84	19.20	13.90
湖南	42.21	24.09	1.24	0.81	69.58	27.65
广东	12.95	14.76	1.07	0.70	14.26	21.59
广西	0.36	11.23	-0.40	0.38	20.62	1.59
海南	-1.34	-7.71	-0.48	-0.65	48.55	30.32
重庆	6.70	16.37	0.19	0.70	-5.19	71.80
四川	11.10	11.92	0.56	0.70	26.87	8.39
贵州	-12.63	-2.69	-2.39	-0.30	-18.85	17.23
云南	4.43	2.70	0.37	0.13	18.26	26.68
陕西	6.95	5.75	0.28	0.47	23.16	27.91
甘肃	-1.20	0.41	-0.05	-1.59	8.15	21.60
青海	0.14	3.05	0.29	0.72	11.72	-1.85
宁夏	18.03	25.17	0.61	1.55	-1.18	37.81
新疆	5.87	11.84	0.37	1.85	1.11	19.73

资料来源：《中国旅游财务信息年鉴2012》。

注：西藏因数据缺失没有纳入统计。

2. 人力成本上升挤压组团社赢利空间

随着人口结构的持续变化，虽不能确定刘易斯拐点已经来临，但是劳动力供给的充沛性明显下降已是不争的事实，近年来发生的成本推动型通胀，在很大程度上正是源于劳动力供给出现结构性短缺而致使用工成本上升。旅行社业是一个劳动力密集型的产业，在宏观经济进入下行区间的非景气时期，人力成本上升难以通过提高旅游产品价格加以消化，势必直接挤压旅行社的盈利空间。2012年中国旅游财务信息年鉴数据显示，2011年全国出境游组团社的人均增加值同比减少了2.12%，而人均福利支出反而同比上涨了25.08%。

第三节　出境旅游产业的主体产品开发与创新

旅游需求不但与社会财富水平有关，还与不同时代社会主流价值观有很强的相关性，突出表现为每一代人有每一代人的玩法。当前，70后、80后逐渐成为出境旅游的主力军，其旅游偏好的不同不断督促出境游组团社开发适销对路的产品。

一、"N+X"型旅游产品引领产品开发的新风向

70后、80后游客相对自我，对于服务中的缺陷或差错容忍度较低，且不喜欢团队旅游的统一管理，希望享受团队价格带来的优惠，却不愿意承担参团所需承受的约束，如喜欢睡到自然醒，不愿意顾全大局安排行程等。同时，该年龄段的游客外语水平相对更高，并往往通过互联网对目的地有更深入的行前了解。这一方面导致旅行社获得的单项委托业务越来越多，如：订车、订房、订票、办签证等；另一方面促使旅行社不得不更多地开发适合70后、80后游客需求的准自由行旅游产品，即旅游产品中有N天的跟团旅游，另外留出X天自由活动。如广之旅面对这一趋势推出了我行由我系列产品，允许行程中游客有一定时间的自主时间安排，产品消费非常火爆。而中旅总社推出的美国东西海岸夏威夷全景12+2日四星品质之旅、土耳其传奇之伊斯坦布尔"老城物语"7+1日体验之旅、品味以色列温暖7+1日精粹之旅、11+1日天经典文化休闲之旅（法、瑞、意、梵）；中青旅推出的德、法、荷、比4国8+1日精致之

旅、加拿大东西海岸8+1日舒心之旅、澳洲玩转西海岸风情6+1日之旅、蓝色土耳其四海漫游11+1日旋舞之旅、法、德、瑞3国9+1日大城小镇舒心之旅；中国康辉旅行社推出的中国台湾超值7+1经典之旅；北京青旅推出的英国8+1完美之旅等都获得了非常良好的市场认可。

二、主题旅游产品渐成气候

曾经相对小众化的亲子游、摄影游、品酒游等主题性、特色性出境旅游产品，因受众少而难以形成规模经济，使得旅行社一度在此类产品的开发和销售上往往是不积极、不主动。得益于财富和收入水平的不断提升，各式各样的主题旅游产品的游客基础不断扩充，许多旅行社不失时机地推出了很多形色各异的旅游产品。如众信国旅专门打造蜜月印象纪板块，建立了海外婚礼、海外婚拍和海外蜜月的全方位产品体系，推出的巴厘岛6日游、私密普吉双人专属"mini tour" 7天等蜜月旅游产品性价比甚高。另外，如市场上涌现的欧洲7国14天名校亲子修学之旅、澳大利亚新西兰12日品酒游、畅游东南澳动感海岸8天品酒游、日本亲子动漫修学7日游、加拿大7晚9日狩猎之旅等主题旅游产品受到越来越多的游客青睐。

第四章
典型区域的发展特征

第一节 华北市场

华北地区包括北京、天津两市,河北、山西以及内蒙古自治区。

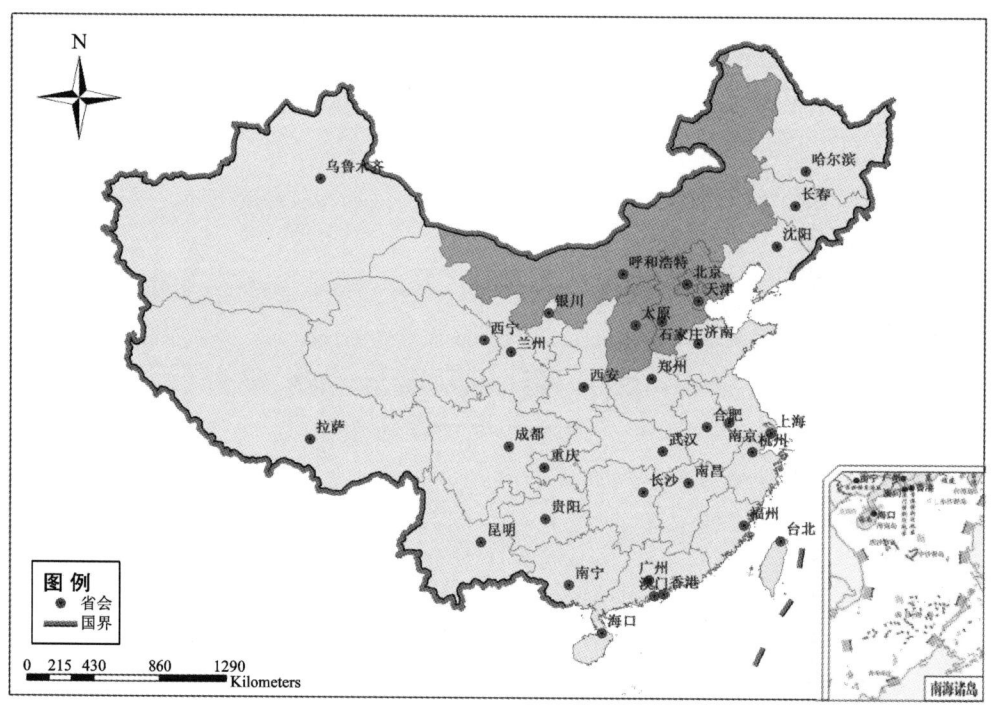

图 4-1 华北市场示意图

资料来源:国家测绘局网站,审图号:GS(2008)1360 号。

一、区域经济概况

尽管受到全球经济增长放缓、欧债危机等国内外不利因素的影响,在中央一系列宏观调控下,我国经济仍旧平稳、持续、快速发展。华北地区社会经济增长势头良好,其中天津市在2012年前三个季度以13.9%的GDP增长速度成为全国GDP增长最快的地区。除北京外,华北地区其他四省的增速均超过全国同期水平。同期,华北地区人均收入也以两位数速度增长,社会各方面均平稳、快速地发展。

表4-1 2012年前三个季度华北地区社会经济概况

省/市/自治区	常住人口(万人)	GDP(亿元)	城镇居民人均可支配收入(元)	城镇居民人均消费性支出(元)	农村居民人均纯收入(元)	农村居民人均生活消费支出(元)	全社会固定资产投资(亿元)
北京	2 018.6	12 678.1	30 132	19 811	16 202	9 361	4 513.3
天津	1 354.58	9 188.45	21 358	14 797	12 854	6 725	5 427.75
河北	7 240.5	19 581.9	15 308	—	7 431	—	11 500.1
内蒙古	2 481.71	10 803.26	17 234		8 076		5 121.4
山西	3 593	8 712.9	14 802.4	9 010.4	5 288	3 807.4	5 651.4

注:常住人口为2011年数据。

二、出境旅游发展概况

(一)出境旅游市场基本面向好

在国内经济稳定增长和人民币汇率近期持续升值等利好因素的积极作用下,2012年以来华北地区出境旅游继续保持良好的发展势头。

2012年,华北五省(区、市)的出境游客均出现大幅度上涨。截至2012年第三季度,北京市出境旅游人数达201.01万人次,同比增长58.6%。天津在前九个月中办理因私出境证件146 300证次,同比上升14.2%;办理赴香港、澳门的证件331 368证次,同比上升34.7%;办理赴台湾的证件37 817证次,同比上升90.9%。其中，出境旅游成为本市办理因私出境证件的主要事由，申请所占比例达95%。

（二）出境口岸发展状况

1. 空中交通网络日趋完善，北京航空枢纽建设进一步推进

2012年，华北地区进一步拓展了国际航线，开通了至吉隆坡、雅库茨克、西雅图、布鲁塞尔、盖特维克、伊尔库兹克等地的国际客源航线（如表4-2所示）。其中，北京航空枢纽的航线网络通达性依然接近世界大型空港枢纽水平，对华北地区的国际航空网络水平提供了有力支撑。

表4-2 2012年华北地区开通的主要国际航线

开通公司	开通航线	开航时间
亚洲航空有限公司	北京—吉隆坡	2012年6月
俄罗斯环球航空公司	北京—乌兰乌德	2012年6月
	北京—雅库茨克	2012年6月
海南航空公司	北京-阿布扎比-罗安达	2012年12月
	北京—西雅图	2012年5月
	北京—布鲁塞尔	2012年3月
通里萨航空公司	太原—暹粒	2012年4月
泰国东方航空公司	太原—普吉岛	2012年10月
中国东方航空股份有限公司	北京—南京—悉尼	2012年10月
中国国际航空股份有限公司	内蒙古—北京—伦敦盖特威克	2012年5月
	北京—海拉尔—俄罗斯赤塔	2012年2月
韩国易斯达航空公司	呼和浩特—韩国济州岛	2012年7月
俄罗斯伊尔航空公司	海拉尔—伊尔库兹克	2012年9月
新加坡酷航航空公司	天津—新加坡	2012年8月
南方航空公司	天津—韩国清州包机	2012年7月
天津航空有限责任公司	天津—济州岛	2012年8月

资料来源：中国民航总局网站。

2012年9月，国航与首都机场合作推出欧洲三城市转北京通程行李直挂服务，进一步推进北京国际航空枢纽建设。9月15日，国航从德国法兰克福、意大利米兰、瑞典斯德哥尔摩3个城市经北京首都国际机场中转行李直挂服务开始试运行。从机场建设方面看，据《纽约每日新闻》2011年12月报道，根据"太平洋航空中心"（Center for Pacific Aviation）数据，北京首都国际机场在2012年将超过世界最繁忙的机场——亚特兰大哈茨菲尔德－杰克逊国际机场，成为全球第一大航空枢纽。

2. 天津邮轮母港建设加快，推动我国北方邮轮产业快速健康发展

自2010年天津国际邮轮母港启用以来，地位不断提升，在第七届中国邮轮产业发展大会先期举办的"邮轮城市与港口论坛"上首度颁发的中国及亚太邮轮城市奖中，天津获得最佳邮轮港口设施奖。由国家旅游局、天津市政府和中国交通运输协会共同主办的第七届中国邮轮产业发展大会也在天津国际邮轮母港隆重举行。

以天津为母港航线和到访邮轮次数都在逐年递增，2012年，天津国际邮轮母港接待国际邮轮36艘次，同比增长16%，进出境游客约12万人次，同比增长66.7%。以天津为母港的航线增至19个航次，游客超过8万人次。预计2013年将有47个母港航次，接待国际邮轮超过60艘次，继2012年"海洋航行者"号邮轮首航天津港，皇家加勒比2013年将把另一艘大型豪华邮轮"海洋水手号"投入中国市场，为游客带来更多选择。歌诗达邮轮2013年也将重返天津，一艘7.5万吨级的"维多利亚号"豪华邮轮将从夏季开启以天津为母港的旅游航线。另外，首家国内邮轮管理公司也将在2013年在天津成立，届时，国内首个邮轮公司旗下的5万~6万吨级的邮轮有望以天津为母港开启国际航线。为了适应邮轮母港的发展，天津邮轮母港将规划建设二期工程，目前各项前期工作正在紧张进行。

天津邮轮母港二期工程位于天津港（600717）东疆港区南部，既有邮轮码头与客运大厦东侧，与东疆纪念公园之间区域相接，地基面积11.21万平方米，新建岸线442米，可以满足更多邮轮密集停靠作业，并为"燕京"号、"天仁"号提供专门的泊位，同时，在"燕京"号、"天仁"号作业的空歇进行商品汽车滚装作业业务，可完成滚装汽车吞吐量10万辆/年，集装箱6万标准箱。

天津邮轮母港的快速崛起，正在加快推进我国北方地区邮轮旅游市场的建设，加速乘坐邮轮境外游这一新的境外游方式的成长。天津邮轮母港正在成为

中国北方邮轮集散地，辐射环渤海、东北甚至部分西北部省市，推动我国北方邮轮产业快速健康发展。

三、区域内典型市场分析——以北京为例

（一）市场概况

1. 近程目的地仍占主流，泰国跃居出境旅游目的地排行榜首

根据北京市旅游发展委员会统计，截至2012年9月，泰国已成为北京出境旅游的第一大旅游目的地，占整个北京出境旅游市场的13.07%。2012年1~9月，北京市旅行社组织出境旅游人次达201.01万，同比增长58.6%。其中，出境游客以亚洲国家或地区为目的地者达126.99万人次，占北京出境游客总数的63.18%。因此，北京市出境旅游市场仍以近程目的地为主，泰国跃居出境游目的地排行榜首。

2. 钓鱼岛事件持续发酵，引致赴日本旅游迅速降温，替代目的地韩国获意外之喜

受钓鱼岛事件的影响，2012年前往日本旅游的游客人次急剧下滑，但韩国市场获得"意外之喜"，短途出境游客大量转向韩国。据北京市旅游发展委员会统计，截至2012年9月，北京赴韩国出境旅游人次达20.18万，同比增长76%。韩国观光公社近日公布的数据显示，许多原本打算去日本的中国游客更改线路，前往韩国，在中国国庆节长假期间赴韩国的中国游客人次达12.5万，创历史最高水平。

（二）行业管理

1. 重新修订《旅行社等级划分与评定》，积极促进旅行社规范专业品牌化发展

2007年2月1日，北京市《旅行社等级划分与评定》正式实施。该标准作为全国首部旅行社等级评定标准，有效地推动了旅行社行业的健康发展，带动了全国各省市旅行社等级标准的制定与评定工作。随着近年来旅行社行业不断发展壮大，该标准的一些内容已显滞后，尤其是2009年颁布实施的新版《旅行社条例》对旅行社行业的发展提出了全新的要求和标准。

为进一步推进旅行社等级评定工作向深度和广度发展，促进旅行社行业的优化转型升级，北京市旅游委行政许可处按照市质监局的有关规定对《旅行社

等级划分与评定》进行修订。待北京市质监局正式颁布实施该标准后，北京市旅行社等级评定委员会将全力开展旅行社等级评定工作，于2012年年底前，按照新标准的规定评定全市首批等级旅行社。

旅行社等级评定标准的修订和评定工作的开展，将进一步发挥政府主管部门的引导、服务与监督职能，为消费者和经营者提供直观、可信的旅行社等级标志，有利于树立旅行社在市场中的质量等级和品牌形象，引导本市旅行社进一步提高服务质量和经营水平，实现旅行社行业的规模化、专业化、品牌化发展，为旅游业的发展作出更大的贡献。

2. 实施旅游信息公示制度，加强对投诉的管理

2012年，北京市继续对游客的投诉进行公示，投诉较2011年同期有所增加，其中境外游投诉占绝大多数，投诉内容除以往内容外，也有所变化。同时北京市旅游委也加强了对投诉处理的管理，投诉处理速度明显加快。（如表4-3所示）

表4-3 2012年前三季度北京市质监所受理和处理的有效书面投诉情况

时间	有效投诉总量和出境投诉数量	涉及目的地	主要问题	处理情况
2012年第一季度	16件 14件	美国、南非、泰国、韩国、印度尼西亚、澳大利亚等地	旅行社未经游客同意擅自转团、降低住宿标准、减少游览景点、缩短游览时间、增加购物次数、延误变更旅游行程、导游服务不达标等问题	2012年第一季度公告的16件质量投诉，经质监所审理并调解，促成双方一致和解的15件，通过司法程序解决的1件
2012年第二季度	38件 28件	泰国、马来西亚、韩国、日本、美国、澳大利亚、英国、阿联酋等地	旅行社逾期退还游客出境押金、擅自增加自费项目、降低住宿、交通、餐饮标准、减少游览景点、压缩游览时间、增加购物次数、变更旅游行程、导游服务不达标等问题	2012年第二季度公告的38件质量投诉，经质监所审理并调解，促成双方一致和解的36件，建议通过司法程序解决的2件

续表

时间	有效投诉总量和出境投诉数量	涉及目的地	主要问题	处理情况
2012年第三季度	37件 24件	泰国、韩国、日本、美国、欧洲、澳大利亚、印度尼西亚、肯尼亚、尼泊尔、俄罗斯等地	出境领队和国内导游服务不到位、不达标，擅自增加自费项目、降低住宿、交通服务标准、减少游览景点、压缩游览时间、增加购物次数、变更旅游行程，旅行社逾期退还游客出境押金和景区门票纠纷等问题	—

（三）出境旅游产业的运行特征

1. 产业主体的基本特征

2012年，北京市出境游旅行社行业规模继续扩容。截至2012年5月，北京市具有经营出境旅游资质的旅行社271家，占全国经营出境旅游业务旅行社总量的16.31%，数据规模稳定增长。

大型出境游旅行社实力不断增强，优势凸显。2011年度全国百强旅行社名单中，中青旅控股股份有限公司、北京众信国际旅行社股份有限公司跃居全国前五名，位于北京的中国国际旅行社总社有限公司、中青旅（北京）国际会议展览有限公司、北京携程国际旅行社有限公司、中信旅游总公司、中国妇女旅行社、北京凯撒国际旅行社有限责任公司分别居第八位、第九位、第十六位、第五十二位、第五十六位；在2012年中国出境旅游十强旅行社中，北京众信国际旅行社股份有限公司跃居第二名，中青旅控股股份有限公司位于第六名；在2012年中国利税十强旅行社排名中，北京众信国际旅行社股份有限公司、中青旅（北京）国际会议展览有限公司分别位于第五名和第八名。从以上关于旅行社排名来看，大型出境组团社在北京出境旅游市场的优势十分突出，该类旅行社如何顺应市场分工演化的客观规律，通过渠道、产品的不断创新实现内涵式发展成为影响未来出境游市场格局的关键力量。

2. 产业运行的基本态势

（1）旅游经销商渠道创新，开源有道，欲通过规模经济提升议价能力

随着出境旅游市场逐渐由卖方市场向买方市场的转移，客源的多寡逐渐成为影响旅游经销商与上游供应商讨价还价的重要资本，因此，与以往通过掌控机位、客房等物质资源的竞争方式不同，近年经营出境游的经销商积极自建（或并购）旅游零售代理商，旨在通过对客源端的掌控努力实现规模经济，从而提升经销商在整个供应链系统中的议价能力。

华远国际旅游有限公司（以下简称"华远国际"）将主营业务分为三大领域，其中，将针对直客市场的业务全部转移至其直属的佰程旅行网，主要针对新兴市场的需求提供创新性出境旅游产品，且以电商零售为主；此外，还将政府采购从传统的批发业务中分离出来，作为华远国际的第三大主营业务领域。2012年，北京众信国际旅行社股份公司（以下简称"众信国际"）积极筹备上市，并努力从传统的批发业务向批零兼营模式发展。针对直客市场，众信国际积极拓展其在全国一线、二线城市的零售网点；并计划在未来几年打造数个电子商务代理商；建立并完善"B2C"平台；跟进商务会展高端直客市场，为高端商务客人量身定做出境游产品。

（2）出境游供应链过长致使各节点利润率过低，服务品质提升遭遇瓶颈

从出境游供应链来看，旅游经销商并不是资源所有者，在资源和服务不可直接掌控的情况下，需要竭力满足游客不断变化的诉求，因此，经销商往往只能承担风险来换取资源方、游客、经销商三方利益的平衡。然而，现阶段国内出境游供应链过长，且消费端、资源端和经销商三者割裂，极大地降低了每一节点的利润率，因此，旅游经销商针对游客个性化旅游需求的供给能力和主观积极性皆受到一定影响，从而导致出境游服务品质提升遭遇瓶颈。

（3）客源规模和市场化程度优势凸显，出境游巨头频受资本市场追捧

与全国其他地区相比，北京地区旅行社不仅出境组团规模全国领先，且该地区经营出境游业务旅行社的市场化程度较高。在中国出境旅游迅猛发展的背景下，以北京地区为代表的出境游业务逐渐受到投资市场的青睐。继2011年海航旅业斥巨资拿下凯撒旅游的大部分股权后，2012年，位居北京出境游组团社业务量榜首的众信国旅成功实现IPO，募集资金1.49亿元，投入实体营销网络建设项目等。此间，凤凰旅游也吸引到来自君联资本的注资。大量资金的注入，

将提振传统旅行社的发展信心，并对正在飞速发展的中国出境旅游市场起到巨大的推动作用。

（4）产业融合助推销售渠道拓展，欲实现业务量和知名度双赢

在出境旅游业务市场上，旅游经销商积极寻求与异业合作的机会，不断拓展销售渠道。2012年9月，众信国际联合民生银行在北京地区发行首张"民生－众信联名借记卡"，此卡整合联名双方——众信国际与民生银行在各自领域的优势与资源，具有众多增值服务与结算优惠，从价格、服务上为游客带来实惠与便利；2012年，北京捷达假期国际旅行社有限公司（以下简称"捷达假期"）等旅行社继续推进与携程旅行网、途牛旅游网在线运营商的合作；佰程旅行网与淘宝天猫等电商合作，不仅建设了旅行社直接收客的渠道，且通过产业融合的方式将旅游签证业务专业化，截至2012年11月，佰程受理的旅游签证业务订单量列居淘宝天猫商城之首。因此，通过产业融合不仅拓展了旅行社的传统收客渠道，且对其知名度的提升起到促进作用。

3. 出境旅游产品的开发与创新

（1）签证业务专营化，拓展出境游经销商生存空间

在出境旅游业务市场上，旅行社不断拓展生存空间，除了经营出境旅游代理商业务之外，2012年，北京佰程国际旅游有限公司运用信息技术开发了国内首个全球签证系统（GVRS），并通过电子商务交易平台开展出境游签证专营业务。佰程旅行网全球签证服务涵盖全球100多个国家，近500种签证类别，并通过信息技术的运用实现了订单进度短信全程跟进。到目前为止，佰程签证销售量列居淘宝天猫商城首位。

（2）主题游产品层出不穷，新兴目的地受关注

近年来，为顺应出境旅游的需求，从观光型逐渐向深度体验型转变的趋势，北京市出境游旅行社不断推出主题游旅游产品。2012年，众信国际旅行社推出针对小众市场的"东南亚－[U－MINITOUR]系列私密小团"出境游产品，该系列出境游产品不仅可以由游客自主结伴，且配备私人专属导游和专车全程服务。针对蜜月游主题，近年出境游带动高端定制海外婚礼逐渐成为出境游产品的亮点。众信国旅专门隆重推出了包括海外婚礼、海外婚拍和海外蜜月三位一体的海外婚礼出境游产品。

从北京市出境游的目的地选择来看，以中国香港、中国台湾、中国澳门以及法国、意大利、希腊、美国等长线产品仍居主流，但波罗的海、斐济、卢旺

达等新兴目的地也逐渐受到游客青睐。2012年"十一"黄金周期间,凯撒旅游推出了"波罗的海四国9日追溯之旅"、"蓝调VITI-斐济6日慢品之旅"等以新兴目的地为核心的旅游产品,受到游客青睐。

第二节 华东市场

华东地区包括山东、江苏、浙江、安徽、福建、江西和上海六省一市。

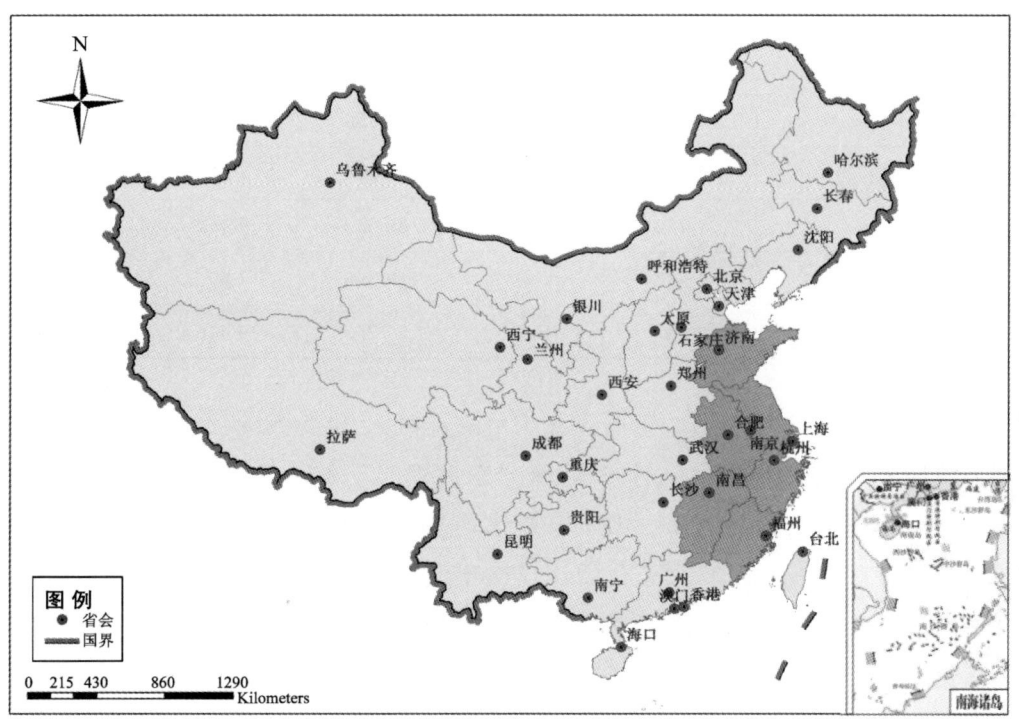

图4-2 华东市场示意图

资料来源:国家测绘局网站,审图号:GS(2008)1360号。

一、区域经济概貌

表 4-4 2012 年华东地区社会经济概况

省市	常住人口（万人）	GDP（亿元）	城镇居民人均可支配收入（元）	农村居民人均纯收入（元）	全社会固定资产投资（亿元）
上海	2 347	20 101	40 188	17 401	4 962
江苏	7 899	54 058	29 677	12 200	26 693
浙江	5 463	34 606	34 550	14 552	14 185
安徽	5 968	17 212	21 024	7 200	12 456
福建	3 720	19 702	28 055	9 967	9 911
江西	4 488	—	19 860	7 830	9 088
山东	9 637	50 013	25 755	9 446	26 750

据统计，2012 年全国城镇居民人均可支配收入 24 565 元。从区域上看，全国城镇居民人均可支配收入水平呈现"东高西低"的态势。在所公布的数据中，华东地区中上海、浙江、山东、福建均高于全国平均水平，其中，上海位居榜首，首次突破 4 万元大关；浙江仅次于北京之后，列居全国第三位。经济社会发展呈现出的稳中有进的良好态势为该地区出境旅游市场的进一步发展奠定了基础。

二、出境旅游发展概况

（一）出境游客数量保持增长态势，部分地区增幅超全国平均水平

2012 年，各省市出境游客数量均继续保持上升态势。其中，上海市 1~11 月累计旅行社组团出境游客为 153.05 万人次，同比增长 27.88%；浙江省 1~10 月累计旅行社组织出境游客 122.5 万人次，同比增长 34.5%。尤其是出国游人数增长率达 53.9%，中国香港、中国澳门旅游人数增长 6%。

(二) 出境组团社规模继续扩展，区域内分布不均

2012 年，华东地区经营出境游业务的旅行社为 446 家，其中上海 46 家，江苏 87 家，安徽 20 家，浙江 97 家，福建 54 家，江西 72 家，山东 100 家，占全国出境组团旅行社总数的 27%。从区域内部看，山东省经营出境旅游业务的旅行社达 100 家，仅次于北京和广东，居全国第三位；而同一区域的江西省出境组团社数量仅为 27 家，安徽省出境组团社数量为 35 家，由此可见，区域内部出境旅行社依然维持分布不均衡的格局。上海作为全国重要的旅游大都市，2012 年共有 45 家旅行社在全国百强旅行社榜上有名，且在十强企业中占有 5 席，其中，春秋旅行社第十年蝉联百强榜首。

(三) 形成以点带面的国际航空交通网络

2012 年，华东地区在亚洲的国际航线网络拓展明显。上海吉祥航空公司和春秋航空公司分别开通了上海至曼谷、光州、新加坡、福冈、冲绳、普及等地的高密度客运航线，由此，进一步巩固了上海作为亚洲乃至全球枢纽空港的重要地位；同时，华东地区的二、三线城市如南京、杭州、青岛、烟台等作为区域空中枢纽的作用进一步凸显，形成了以上海为中心点，辐射区域内二三线城市，共同构建了华东地区的航空交通网络，成为区域旅游发展的有力支撑。

2012 年新增航线具体情况如下：

表 4-5 2012 年华东地区开通的主要国际航线

申请开通公司	开通航线	具体情况	开航时间
上海吉祥航空有限公司	上海—曼谷往返定期客运	每周七班	2012 年 12 月
春秋航空股份有限公司	上海—曼谷往返客运	每周七班	2012 年夏秋航季
上海吉祥航空有限公司	上海—光州往返定期客运	每周七班	2012 年 12 月
上海吉祥航空有限公司	上海—新加坡往返定期客运	每周七班	2012 年 12 月
上海吉祥航空有限公司	上海—福冈往返定期客运	每周七班	2012 年 12 月
上海吉祥航空有限公司	上海—冲绳往返定期客运	每周四班	2012 年夏秋航季
上海吉祥航空有限公司	上海—普吉往返客运	每周四班	2012 年夏秋航季
韩国真航空股份有限公司	首尔—烟台往返定期客运	每周四班	2012 年 7 月
济州航空	首尔—青岛往返定期客运	每周七班	2012 年 6 月

续表

申请开通公司	开通航线	具体情况	开航时间
美佳环球航空（马尔代夫）有限公司	马累—杭州往返定期客运	每周七班	2012年5月
印尼发达飞航空公司	巴厘岛—杭州往返定期客运	每周三班	2012年6月
中国东方航空股份有限公司	杭州—普吉往返定期客运	每周七班	2012年8月
中国东方航空股份有限公司	北京—南京—悉尼往返客运	每周三班	2012年10月
德国汉莎航空公司	法兰克福—沈阳—青岛往返定期客运	每周三班	2012年3月

资料来源：根据国家民航局网站信息整理。

（四）亚洲邮轮航运中心的雏形正在形成

华东地区凭借独特的区位优势，占据全国邮轮母港半壁江山。以上海为中心，北向青岛、南往厦门连接东北亚、东南亚各地的亚洲国际航运中心的雏形正在形成。夏季以俄、日、韩航线，冬季以南部沿海乃至东南亚航线为主兼顾淡旺季周期，从而使邮轮经济发挥最大效应。

1. 上海

在上海发展邮轮旅游的政策指导下，2012年，上海设立"国际邮轮综合改革示范区"。在邮轮产业链的拓展，邮轮游客出入境的便利化等方面得到相关政策、财政与金融扶持。上海正在加快形成邮轮经济服务体系和邮轮经济产业体系的步伐。2012年是上海吴淞口国际邮轮港正式运营的第一年，就迎来了61艘国际邮轮靠泊，其中母港航次49艘次，挂靠港12艘次，邮轮靠泊航次和进出邮轮的旅客数量均超过国内其他邮轮港口。皇家加勒比游轮、地中海邮轮、嘉年华邮轮公司、丽星邮轮等邮轮公司争相来华开辟航线，以上海为母港和挂靠港的国际邮轮数量不断增加，上海正逐渐成为国际邮轮旅游的目的地和集散地。

2. 青岛

青岛邮轮母港启动区于2012年年底开建，预计2014年实现正常运营。启动区建设计划投资60多亿元、占地34公顷，修建双向40通道，建设4个停靠码头，码头作业区将新建一个岸线长490米，吃水－13.5米的码头泊位，加上现有的两个泊位，整体码头岸线将达到1 000米，可停靠世界最大、吃水最深的邮轮，成为世界最大邮轮"海洋绿洲"。

3. 厦门

美国邮轮"水晶交响乐号"2013年将直航厦门，开辟厦门—香港的航线，主要挂靠港口有香港、厦门、上海、大连、天津。

三、区域内典型市场分析——以上海为例

（一）市场概况

（1）出境游市场持续向好，总体呈稳步快速增长趋势

2012年，上海市城镇居民人均可支配收入居全国之首，这为出游需求的扩展奠定了现实基础。加之欧美等国家签证政策进一步放宽、人民币汇率持续走高，特别是赴欧洲购物游比例加大、东南亚、海岛线路备受青睐等外部因素的影响，上海市的出境游市场总体呈现稳步快速增长的趋势。据中国旅游研究院的调研结果，出境自由行市场的潜力巨大，散客化程度进一步加剧，但语言、安全保障仍然是游客最大的障碍。为此，以携程为代表的中国旅游企业开始在境外目的地建设呼叫中心，随时随地为游客提供华语服务。

表4-6　2012年上海市旅行社组织出境旅游人次

	人次	同比增长（%）
出境游人次	1 530 565	27.88
出国游	1 456 862	41.04
中国香港游	133 896	-14.75
中国澳门游	44 934	-7.87
中国台湾游	111 972	37.51

（2）中国台湾市场大幅升温

2012年上海以探亲为主线的赴台湾旅游市场大幅升温。上海市截至11月旅行社组团赴台湾游客达111 972人次，同比增长37.51%，与香港、澳门旅游市场负增长形成鲜明对比。上海市2012年进一步将上海直航台湾的邮轮航线常态化，并授权上海有资质的旅行社经营上海直航台湾的邮轮包船业务。

（3）邮轮产业发展步入快车道

亚洲邮轮市场经过十年来的长足发展，已经成为全球邮轮经济的新引擎，上海作为东北亚邮轮枢纽的地位也随之进一步巩固。据统计，2007年，上海邮轮游客仅为10万人次，2011年达33万人次。预计2012年上海接待国际邮轮230艘次，出入境游客将达30万人。2012年亚洲最大的豪华邮轮"海洋航行者号"首次抵达上海，靠泊于中国母港——吴淞口国际邮轮港，开启包括日本、韩国等多个目的地的15个航次，上海港首次出现了吴淞口国际邮轮港、上海国际客运中心两处邮轮母港同时运营的盛况，掀起了"海上出境游"的热潮。皇家加勒比、歌诗达等邮轮公司增大对上海市场的投入，2012年新增5艘船140航次。这也导致了邮轮业市场化的竞争进一步加剧，部分出现低价竞争趋势。

（4）海岛型目的地高度集中

目前，在上海销售的海岛旅游产品大多集中在有限的几个目的地，如冲绳、民丹、夏威夷、巴厘岛、普吉岛、关岛和马尔代夫。海岛型目的地的拓展以及相应旅游产品的开发力度不足，主要受到空中交通不够便捷的限制，直航的开通成为瓶颈问题。

（5）赴日本旅游市场受钓鱼岛事件的负面影响巨大

钓鱼岛事件发生后，上海大多旅行社叫停赴日产品，2012年9月中旬几乎所有的日本产品全部下架。只有少数不上岸的赴日邮轮产品得以保留。组团社与目的地的地接社、航空公司等相关企业协商共同面对，达成一致立场、相互理解，提出"定金不退，额度冲抵或保留"的解决方案，在一定程度上减少了企业损失。企业内部赴日本旅游业务板块的工作人员也暂时配置到其他部门。

（二）产业运行

1. 产业主体的基本特征

（1）旅游企业纷纷发力移动互联网领域，拓展无线业务

在移动互联网时代，原有PC端商业模式的核心竞争力被重新定义。完善的支付平台、交互性、人性化的网站界面、丰富的社区互动和专业的资讯、出游攻略、服务附加值等功能的深度挖掘都是移动互联网时代旅游市场发展的具体体现。

案例一

携程全力以赴不断开拓无线业务。2012年2月，携程特别设立了独立的无线事业部，近期又结盟酷讯，依托强大的酒店资源发力无线端。目前已拥有

1 500万无线用户，酒店无线交易所占比例达10%以上。2012年10月，"无线携程无限旅程"强势推出携程无线、携程特价酒店、携程旅游、驴评网、铁友等应用，预示着携程的创新支点会落在无线互联网上。

案例二

"锦江旅行+"App是2012年上海锦江国际集团继"锦江+"Ipad App后推出的集酒店查询、预订、会员服务、电话支付的一站式商旅服务APP，其中包含了会员快速注册、登录、检索全国各地的锦江酒店信息等实时预订酒店房型功能。对许多已形成自身强大直销渠道的酒店集团而言，酒店预订APP成为维持自身预订优势，覆盖更多消费群体的必然之举。推出客户端有助于打通传统门店、PC终端以及手机移动互联网，建立一个基于互联网的连锁信息共享平台，整合上下游的产品和资源，实现供应链的实时协同。

案例三

上海东方航空公司移动"E"时代手机订票系统于2012年1月开始正式上线，提供包括机票购买、退改签、天气查询、手机值机、航班动态查询、年票服务在内的一系列服务。此举大大开辟并巩固了航空公司的直销渠道、提高机票直销份额，有效降低了对代理渠道的依赖程度。

（2）出境业务比例继续攀升

据中国旅游研究院调研结果，2012年上海各家主要旅行社出境业务所占比例均居三大业务板块之首，并有继续攀升之势。例如，2012年携程出境业务量倍增，"Q3"度假旅游业务增长迅速，特别是出境游业务同比增长了80%；上海中旅出境游业务板块员工从1992年的5人增至2012年的85人，营业收入和利润分别占总收入、利润的45%和60%，2012年出境游业务量实现了同比15%的增长。上海国旅、青旅出境游业务目前都以直销为主，2012年出境游业务规模相当，组织游客约为5万人次，出境游业务利润占总利润的比例不断上升，分别为50%和70%。

2. 产业运行的基本态势

（1）委托代理制推进艰难

自2010年5月国家旅游局发布了《关于试行旅行社委托代理招徕旅游者业务有关事项的通知》以来，大通旅游受上海兴旅国际旅行社的委托，成为上海第一家也是目前唯一一家以国内游旅行社身份合法代理国际旅行社出境游分销的企业。

根据中国旅游研究院的市场调研结果，目前上海各大旅行社呈现出零售为主、批零一体化的状态，旅行社依然维持着水平分工体系"自产自销"的方式。

目前由于境内外旅游法规衔接不够紧密，加之国内市场的竞争机制不完善，传统旅行社表示担心实施委托代理制可能会造成市场混乱，引起新一轮低价恶性竞争。因此，有关旅游主管部门应细化相关实施规定，对组团社、代理社的资质、准入门槛、年检规定、代理社的备案等应有更加明确的规定。作为组团社也要与代理社就品牌维护、价格管理、违约责任等进行明确约定。这样才会进一步形成明晰的垂直分工批零体系。

（2）旅行社与航空公司的合作难度凸显

2012年，航空公司在票务预订方面显现出两个明显的特征：第一，为了能够最大限度地降低成本，航空公司都在大力推广自己的直销网络，如前东方航空公司案例。第二，机票代理商趋于专业化。为避免营收空间进一步压缩，代理商逐渐趋向专业化和集中化，以满足用票量取得更多的后返奖励来平衡代理费的损失。2012年，随着移动互联网手机终端的发展，以及票务代理专业化程度的提升，旅行社作为"串联"各旅游要素的中介组织与航空公司的合作难度进一步凸显。

3. 产品开发与创新

（1）注重品质提升，产品、服务标准化趋势明显

上海各家旅行社普遍将客户满意度、投诉率作为控制产品质量的重要指标和选择合作伙伴的主要标准；在产品创新的过程中，注重与合作伙伴的有效沟通，达成共识，从而引导市场，营造健康的市场氛围和环境。通过定期观察、回顾做到市场精确消费数据的掌握和内部资源的有效配置。

例如，上海国旅为加强质量管理水平，2012年专门成立市场部，派专人负责供应商管理、客户电话回访、满意度调查统计、客户投诉处理。自2012年6月起，上海国旅改变以往"满意度调查表"由领队当场发放和收回的做法，改为游客收到"满意度调查表"后回家填写，再通过邮寄的方式直接反馈给市场部，避免了游客当着领队面不好意思表达的尴尬。这样做尽管增加了成本，但反馈信息更为真实。市场部每月对满意度调查表和电话回访所反馈的内容进行汇总后，提供给有关领导和业务员，以便及时掌握团队运行中存在的问题，不断提高服务质量。

(2) 高端定制旅游产品备受青睐

高端定制旅游在资源稀缺性、设计独特性、服务专业性等方面具有独特优势，能够很好地满足高端旅游人群的出行需求，在出境游市场上备受青睐。

2012年，携程成立高端旅游品牌"鸿鹄逸游"，主要瞄准中国内地市场的顶级旅游客户。这是携程旅行网自2009年、2010年先后收购中国台湾易游网和中国香港永安旅行社以来首度合创的旅游品牌。该网站推出了"顶级环游世界80天"等50个包括欧、美、非各大洲以及南极、中东等各个区域的高端旅游产品，价格从五万元到数十万元不等。"鸿鹄逸游"自2012年3月成立以来，每月订单量倍增。

看好中国奢华旅游市场的，不仅是携程旗下的鸿鹄逸游，还包括澳大利亚旅游局、瑞士旅游局、新加坡航空公司、法国航空公司、阿联酋航空公司等，这些部门都积极地在中国布局，力图进入高端旅游市场。

(3) 多样化的邮轮旅游产品

随着上海吴淞口国际邮轮母港正式投入使用一年，上海市着力打造融航运服务、商贸商务、生态景观等综合旅游功能为一体的旅游休闲、商务带，同时积极开展与香港、三亚、天津、厦门等国际邮轮母港的合作，大力开发"邮轮+高铁"、"邮轮+飞机"等多样化邮轮旅游产品。如上海中青旅推出的皇家加勒比"海洋魅丽号"游轮加勒比海15日之旅是典型的"邮轮+飞机"类型。而地中海邮轮则以切合中国游客娱乐习惯的新颖主题设计，使游客享受到更加丰富的乐趣和经验，例如凭借以纸牌、象棋、舞蹈、文化、健身等为主题的邮轮产品占据了更多细分市场份额；除此之外，还专门为三口之家设计了"家庭邮轮假期"以及为新婚夫妇提供"甜蜜二人世界"的定制产品。多样化的邮轮旅游产品正吸引着越来越多的上海市民和长三角地区居民尝试这种新型休闲度假的旅游产品。

(三) 行业管理

1. 进一步严格旅游投诉管理制度

根据上海市旅游质量监督所的统计数据，2012年，旅游投诉总量比2011年同期增加了123%，其中出境旅游投诉数量比2011年同期增加了133.3%。

投诉出境游中的主要问题有：未成行经济纠纷、航班延误影响行程、住宿质量问题、变更行程安排、购物退货纠纷等。例如，新马泰、欧洲及中国台湾在2012年12月出境游被投诉旅游线路中排名前三，其中新马泰的购物退货问题比较突出；而泰国、欧洲及新加坡在同年 11 月出境游被投诉旅游线路中排名前三位，其中泰国的自费项目问题尤为突出。

除了旅游主管部门发挥行业管理的职能之外，上海的旅游企业也自觉从提高旅游服务品质的角度主动建立企业内部监管制度。例如，上海国旅召集了全球近 70 家旅游目的地接待社代表参加 2012 年度全球供应商大会。会上发布了《上海国旅 2012 年质量管理工作报告》，6 家供应商获得优秀供应商奖，歌诗达邮轮公司获得最佳合作奖，3 家供应商因服务不达标被停用。

2. 举办"上海旅游大课堂"专题培训

由上海市旅游局牵头主办，上海市旅游行业协会协同相关机构定期举办"上海旅游大课堂"的专题培训。2012 年，结合邮轮旅游发展过程中出现的邮轮产品销售渠道不畅通、市场运作不规范、销售人才不专业等问题，开展了"上海旅游大课堂——旅行社邮轮产品电子商务销售专题培训"的专题学习。培训内容结合实际案例，涉及：各类邮轮产品的介绍与比较、传统邮轮产品的销售渠道及利弊分析、"B2C"邮轮电子商务模式与传统销售模式的对比分析、"B2B"邮轮电子商务平台的商业模式和优势、"B2B"邮轮电子商务销售平台及其系统介绍等方面。

3. 成立上海市旅游标准化技术委员会秘书处

2012 年 11 月，上海市旅游标准化技术委员会秘书处正式成立。2012 年旅标委的工作主要体现在以下几个方面：一是召开上海市旅游标准化会议；二是开展旅游标准化示范试点工作；三是从两个层面积极开办了旅游标准化培训班，并全力为企业标准化工作进行指导；四是与全国其他地区的旅游标准化进行经验交流；五是在标准的制定、修订方面取得了显著成果；六是着手制定上海市旅游标准化通信，为旅游标准化法制网站建设做前期准备。

4. 规范旅游市场，发布"市场指导价"

尽管上海各大旅行社都有专门产品的研发人员，并广泛开展与目的地合作，定期开发新产品，以保证产品的新陈代谢。但旅行社产品创新中也遇到了一些困惑，即产品没有专利权。一些旅行社投入大量成本研发出来的产品，一旦上市，很快就被抄袭并以低价出售，结果是产品的品质没有保障，游客体验差。但由于部分游客对价格依然比较敏感，不会选择价位较高的产品，所以导致旅行社在研发新产品时处于两难境地：不开发新产品，则没有新鲜血液及时予以补充，企业发展停滞；而开发新产品，则成本上升，并有随时被抄袭的可能。

第四章 典型区域的发展特征
Chapter 4 Research on Major Tourist Source Markets

为此,业界期待由权威、专业的旅游研究机构参照各地的经济水平、物价指数等参数指标,定期发布"市场指导价"或"警示价",以引导、帮助游客增强鉴别力,保护游客权益;进一步规范市场,实现产业的良性循环。

第三节 华南市场

华南地区包括广东、海南两省以及广西壮族自治区。

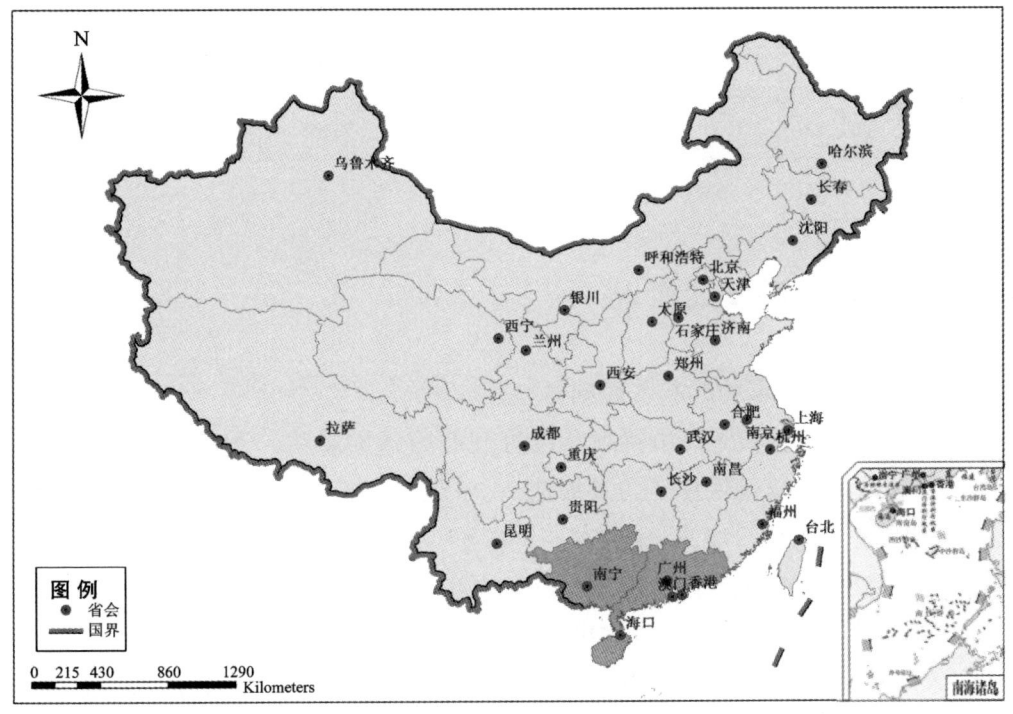

图4-3 华东市场示意图

资料来源:国家测绘局网站,审图号:GS(2008)1360号。

一、区域经济概貌

表 4-7 2012 年华南地区社会经济概况

	常住人口（万人）	GDP（亿元）	城镇居民人均可支配收入（元）	城镇居民人均消费性支出（元）	农村居民人均纯收入（元）	农村居民生活消费支出（元）	社会固定资产投资（亿元）
广东	10 550	57 067.9	30 226.7	22 396.4	10 542.8	7 458.6	19 307.5
广西	—	13 031.04	21 243	10 678*	6 008	2 997*	121 712
海南	886.55	2 855.26	20 918	14 457	7 408	4 736	2 145.4

注：*为 2012 年前三季度数据，—为暂未公布数据。

二、出境旅游发展概况

（一）出境旅游市场的基本面向好

受经济稳定增长和人民币持续升值等利好因素的影响，2012 年来，华南地区居民出境旅游继续保持良好的发展势头。以广东省为例，2012 年全年，全省旅行社出国旅游组织 215.9 万人次、744.84 万人天，同比分别增长 24.7%、增长 21.95%；其中香港、澳门游组织 124.04 万人次，同比增速达 22.91%。

（二）旅行社的规模和实力突出

截至 2012 年 10 月底，华南地区经营中国公民出境旅游业务的旅行社共计 275 家，同比增加 66 家，占全国出境组团旅行社总数的 16.55%。从区域内部来看，广东省经营出境旅游业务的旅行社达 197 家，数量仅次于北京，居全国第二位；广西和海南也分别达到 44 家、34 家。从旅行社综合实力来看，继广东中旅位列 2010 年全国百强社首位之后，广东省广州广之旅国际旅行社有限公司再次夺得 2011 年度全国出境旅游十强旅行社第一位。

三、出境口岸发展状况

2012 年,华南地区进一步丰富、拓展了国际航线,开通了至曼谷、克拉斯诺亚尔斯克、槟城、吉隆坡、新加坡、巴厘岛等地的国际客运航线(如表 4-8 所示)。其中,广州航空枢纽的航线网络通达性已接近世界大型空港枢纽的水平,给华南地区的国际航空网络水平提供了强有力的支撑。从华南地区内部空域资源分配来看,虽然南宁、三亚等机场区域枢纽功能得到了进一步完善,但华南地区内部空域资源分布的不均格局尚未得到显著改善。

表 4-8 2012 年前三季度华南地区开通的主要国际航线

申请开通公司	开通航线	具体情况	开航时间
泰国东方航空公司	曼谷—广州往返定期客运	每周 7 班	2012 年 10 月
俄罗斯北方之星航空公司	克拉斯诺亚尔斯克—三亚往返定期客运	每周 1 班	2012 年 10 月
马来西亚飞莹航空有限公司	槟城—南宁往返定期客运	每周 1 班	2012 年 4 月
马来西亚飞莹航空有限公司	吉隆坡—南宁往返定期客运	每周 1 班	2012 年 4 月
新加坡捷星亚洲航空公司	新加坡—南宁往返定期客运	每周 2 班	2012 年 4 月
印尼发达飞航空公司	巴厘岛—广州往返客运	每周 3 班	2012 年 1 月

资料来源:根据国家民航总局网站公示信息整理。

四、区域内典型市场分析——以广州为例

(一)市场概况与影响因素

1. 出境旅游市场概况

(1)出境市场继续保持喜人增长势头

广之旅在 2012 年,1~8 月出团超 73 万人次,同比增长 25%,其中出国 15 万人次,香港、澳门共 56 万人次,营收 12.5 亿元,同比增长 31.5%。广东国旅截至 2012 年 10 月中旬,组织出国旅游 104 441 人次,同比增长 13%;营业

收入19 735万元,同比增长26.4%。广东青旅在2012年上半年组织出境游14 216人次,同比增长34.2%。深圳宝中在2012年1～8月出境游业务增长20%～30%之间。

（2）赴台湾旅游业务持续升温,赴日本旅游业务跌入谷底

由于受到安全事故、接待不足等原因的影响,2011年赴台湾旅游增速较前几年明显放缓。2012年来,安全事故减少,岛内接待能力得到扩充,赴台湾旅游的门槛略有降低,赴台湾旅游的性价比有所上升,所有因素综合影响,使得2012年赴台湾旅游业务再次提速。广之旅在"十一"黄金周期间收赴台湾旅游旅客1 300人,同比增长53%。广东国旅2012年前8个月赴台湾的游客人数同比增长了73.6%。而受钓鱼岛事件等诸多因素的影响,使本来就进入旅游淡季的日本受到了历年来最大的冷遇。2012年9月以来,赴日本旅游基本停止,退团率在95%以上。为此,很多旅行社遭受到不小的损失。

（3）出境旅游的需求日趋常态化

与以往许多游客选择旺季,特别是国庆或春节黄金周出游不同,越来越多的广州居民选择错峰出游,即在平日,特别是周末选择相对近程的境外目的地旅游。受此影响,2012年国庆黄金周期间,广州多数出境游组团社出境业务增速不比平日,如广之旅在国庆黄金周期间出国游收客约6 900人,同比增长18%,较2012年1～8月的平均增速低13.5个百分点。

2. 出境旅游的影响因素

（1）出境旅游与国内旅游的性价比发生逆转

由于人民币持续"内贬外升",一些出境游产品的价格已较国内游产品的价格更低。如深圳居民出省游的旅费大多超过4 000元,赴西藏、新疆等地旅游的费用甚至超过8 000元。相比之下,赴香港一日游仅99元,2～3日游则多在500～1 000元之间不等;赴韩国的团费一般在3 200元左右,赴日本旅游在5 800元左右,赴东南亚旅游的价格多在3 000～5 000元之间。受此影响,越来越多的游客以出境游替代国内游。对旅行社而言,人民币升值使在部分国家或地区的采购成本有所下降,尤其大交通方面下降明显,致使旅行社加大了对这些国家或地区的产品开发和销售。

（2）赴香港扫货蔚然成风

由于内地以流转税为主,商品价格含税后越来越不具竞争力,特别是随着人民币升值,以及土地、人力等生产要素成本的不断上涨,包括生活必需品在

内的许多商品价格已经较香港、澳门更高，使越来越多的广州居民将赴香港扫货视为一项平常的生活内容。

（二）出境旅游产业的运行特征

1. 产业主体的基本特征

（1）出境组团社强弱分化加剧

截至 2012 年 11 月，广东省具有经营出境旅游资质的旅行社 197 家，其中广州市 37 家，数量规模稳中有升。与此同时，广州市出境组团社强弱分化进一步加剧。2011 年度，全国百强旅行社名单中，广东省中国旅行社股份有限公司（以下简称"广东中旅"）居第 2 位，广州广之旅国际旅行社股份有限公司（以下简称"广之旅"）、广东南湖国际旅行社有限责任公司、广东国旅国际旅行社股份有限公司、广州携程国际旅行社有限公司和广东铁青国际旅行社有限责任公司分列第 5 位、第 14 位、第 35 位、第 58 位和第 60 位；在出境旅游十强旅行社中，广东广之旅高居榜首；在旅行社利税能力排名中，广东中旅和广之旅也在全国十强之列。在这些大型旅行社的强势竞争下，一些中小型出境旅行社越来越多地考量自身的市场定位，并更加专注于展开并优化符合自身能力和特征的专业性业务，从而加速市场分工演化和旅行社行业特色化发展。

（2）旅行社扩张"占地盘"愈演愈烈

广东国旅截至目前拥有独立法人子公司 10 家，较 2011 年增加 3 家，员工约 850 人，较 2011 年增加近 150 人。共签订委托代理旅行社 17 家，较 2011 年增加 3 家。广之旅 2012 年新增了 2 间门市部。广东青旅至今已有 30 多家分社，较 2011 年同期翻了一番。

2. 产业运行的基本态势

（1）广告依然是确保优势市场份额的关键途径

广之旅和南湖国旅凭借在广告上每年数千万元的投入，取得了较长时期的领先发展。而实力的上升反过来又能支撑更多的广告投入，使这两家旅行社在广州市场的优势地位愈发突出。2012 年 1~8 月，广之旅组织出境游超过 73 万人次，同比增长 25%，增速较多数中小旅行社更高。近年来，广东中旅等也纷纷加大了广告投入，以争夺更多的品牌营销话语权。

（2）异业合作逐渐升温

为了更大范围地扩充收客渠道，越来越多的旅行社开展了日益广泛的异业合作。如广之旅与银行（联名卡）、摄影团体（摄影团）、婚纱店（蜜月团）等都展开了合作；广东国旅则与多家银行联合推出"刷银联卡消费，出国旅游享大幅优惠"的产品，与中国联通合作，推出"游日本，送日本上网卡"活动，以及与知名化妆品公司合作推出"美容之旅"。

3. 出境游产品的开发与创新

（1）游程两极分化日趋明显

一方面，粤港澳一体化不断推进，越来越多的广州居民利用周末赴香港、澳门购物，使得单项委托业务越来越受游客的欢迎，如订车、订房、订票等，此类旅游中游客出境停留时间短，属于"闪电型"旅游。另一方面，针对越来越多的纯粹游客喜爱深度型旅游产品，此类旅游中游客出境停留，特别是在一个或少数几个目的地的停留时间较长，属于"蜗牛型"旅游。出境长线游的人数较2011年同期增长20%左右，因此，旅行社也有针对性地开发出更多符合多元化市场需求的出境游线路产品。如针对传统目的地，出境游组团社深入挖掘目的地的资源和内涵，对旅游要素进行重新包装和组合，推出极具新意的旅游产品，以保持目的地的长青。例如，2012年广州各大旅行社以欧洲多组合、深度游为重头戏，特别是一国、两三国深度欧洲游线路更是备受游客青睐。2012年国庆节黄金周期间，广州出境游以长线为主，超过八成的团队前往欧洲、澳洲、日本等地旅游。

（2）准自由行产品受到青年游客群体的偏爱

出境游客人平均年龄越趋年轻化，特别是涌现出一些80后出国旅游生力军。80后年轻游客的人数增长非常迅猛，约占出境游人数的40%。这些年轻游客更加体现出自我，不喜欢团队旅游的统一管理和约束。因此，越来越多的旅行社在行程中加入越来越多的自由行成分，受到了市场的热捧。如广之旅推出了我行由我系列产品，允许行程中游客有一定时间的自主时间安排，颇受年轻游客的青睐。因此，行程安排独特新颖的线路，比普通产品更具市场潜力。

第四节　西南市场

西南地区地处我国西南边陲，包括四川、云南、贵州和重庆三省一市。

第四章 典型区域的发展特征
Chapter 4　Research on Major Tourist Source Markets

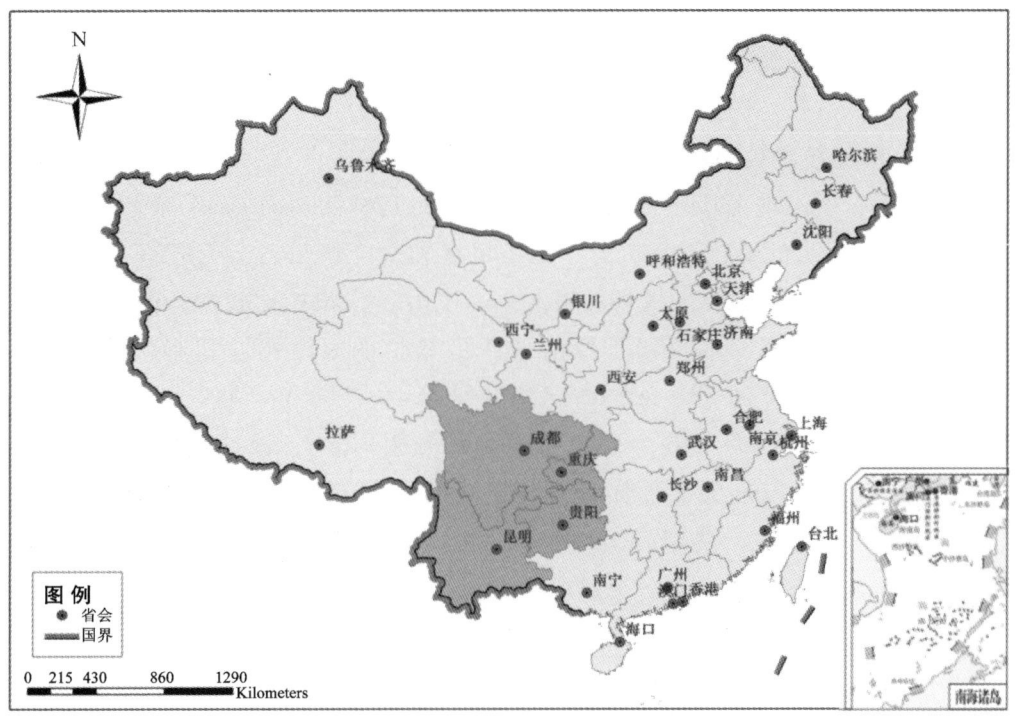

图 4-4　2011 年西南地区社会经济概况

资料来源：国家测绘局网站，审图号：GS（2008）1360 号。

一、区域经济概况

该区域经济概况见表 4-9。

表 4-9　2012 年华南地区社会经济概况

省、市、自治区	常住人口（万人）	GDP（亿元）	城镇居民人均可支配收入（元）	城镇居民人均消费性支出（元）	农村居民人均纯收入（元）	农村居民人均生活消费支出（元）	全社会固定资产投资（亿元）
四川	8 076	23 849.8	20 307		7 001		18 038.9
重庆	2 945	11 459.00	22 968	16 573	7 383.27	5 018.64	9 380.00

资料来源：四川省、重庆市统计信息网站。

113

二、出境旅游发展概况

(一) 国际航线数量保持迅速增长态势

2012年,西南地区民用机场数量为18家,其中四川省有14家;重庆市有4家,分别是江北机场、万州机场、巫山机场和武隆机场;云南省有12家。国际直航航班数量与全国三大机场城市北京、上海、广州相比较少,但增幅较大。

四川省成都双流国际机场是西南地区最繁忙的民用枢纽机场。截至2011年,该国际机场已开通138条国内定期航线和48条国际(地区)航线,国际(地区)通航城市增加到46个,国内通航城市达92个,航线网络覆盖率居中西部首位。目前,与重庆市通航的国内外城市达55个,航线70余条,覆盖全国各大区域(含香港、澳门),除内蒙古呼和浩特外,各省会城市均已通航。同时还开辟了多条国际航线,并拟定与新加坡、马来西亚、加尔各答等国家与城市通航,架起重庆通往世界的桥梁。

2012年,成都、重庆两大航空枢纽城市国际直航航班涉及的城市如下:成都涉及有新加坡、加德满都、广岛、中国台北、曼谷、首尔、马累、中国澳门、东京、阿姆斯特丹、大阪、吉隆坡、中国香港、普吉岛、卡拉奇、暹粒、班加罗尔、伊斯兰堡、孟买、阿布扎比、河内等51个城市。重庆涉及有东京、中国台北、首尔、普吉岛、中国香港、多哈、赫尔辛基、曼谷、名古屋、新加坡等多个城市。

在新增航线方面,各大航空公司具体情况如表4-10所示:

表4-10 西南地区2012年部分新开通航线

申请开通公司	开通航线	开航时间
中国东方航空股份有限公司	成都—沙巴	2012年1月
中国国际航空股份有限公司	成都—加德满都	2012年1月
中国海南航空公司	成都—巴黎	2012年3月
重庆西部航空控股有限公司	重庆—港澳台、东南亚和日、韩(实施中)	2012年12月
四川航空股份有限公司	成都—沈阳—温哥华	2012年6月
四川航空股份有限公司	成都—墨尔本	2012年9月
芬兰航空公司	重庆=赫尔辛基	2012年5月

资料来源:根据相关网站信息资料整理。

（二）领馆数量增加，西南出境口岸群初见雏形

从外国驻中国西南地区现有领事馆来看，数量增加，与外国驻中国使馆总量逐渐缩小。成都依然是西南地区外国领事馆数量最多的城市，外国驻重庆领馆数量增加，区域地位有所上升。目前，成都现有外国领事馆 10 家（还有 3 家在筹建中）：美国、德国、韩国、法国、泰国、新加坡、巴基斯坦、澳大利亚、印度尼西亚、斯里兰卡、菲律宾（筹）、以色列（筹）、荷兰（筹）；重庆现有外国领事馆 11 家：日本、英国、柬埔寨、加拿大、丹麦、菲律宾、圭亚那、匈牙利、埃塞俄比亚、荷兰、芬兰；昆明现有外国领事馆 6 家：泰国、缅甸、马来西亚、老挝、越南、柬埔寨。

从外国领事馆数量来看，西南地区和北京、上海、广州三地的差距在逐渐缩小；从领事馆国家来看，非东南亚国家开始增多。加之近几年签证办理手续简化、政策放宽、费用降低、ADS 实行、驻华使馆工作效率提高等因素，虽然旅行社依旧希望外国领事馆数量继续增加，但是签证矛盾已处于其可以接受的范围之内，总体而言，签证矛盾得以缓和。

（三）出境旅游目的地排名保持稳定

西南地区组团出国（境）旅游目的地以周边国家和地区为主。从四川省历年出境旅游目的地前十位来看，列居前四位的基本稳定，分别为中国香港、中国澳门、泰国和新加坡，但从 2011 年统计数据来看，有很大变化：①中国台湾挤进第三位；②日本被挤出前十位；③澳大利亚升至第六位；④美国增长较快，进入第八位。

据 2012 年统计资料显示（见表 4-11），出境旅游目的地排名基本同 2011 年相似，稍微有些变化：①日本再次挤进前十位；②美国、新西兰均下降到十位以后。

表 4-11　四川省 2007—2012 年旅行社组团出境旅游目的地前十位

排名	2007 年	2008 年	2009 年	2010 年	2011 年	2012 年
1	中国香港	中国香港	中国香港	中国香港	中国香港	中国香港
2	中国澳门	中国澳门	中国澳门	中国澳门	中国澳门	中国澳门
3	泰国	泰国	泰国	泰国	中国台湾	中国台湾

续表

排名	2007年	2008年	2009年	2010年	2011年	2012年
4	新加坡	新加坡	新加坡	新加坡	泰国	泰国
5	韩国	韩国	韩国	日本	韩国	韩国
6	马来西亚	日本	日本	韩国	澳大利亚	新加坡
7	日本	马来西亚	德国	中国台湾	新加坡	马来西亚
8	德国	德国	马来西亚	马来西亚	美国	德国
9	澳大利亚	澳大利亚	澳大利亚	澳大利亚	新西兰	法国
10	新西兰	新西兰	越南	德国	德国	日本

资料来源：四川省旅游政务网站。

（四）出境游旅行社数量持续增加

2012年，西南地区经营出境游业务的旅行社共计106家，比2011年新增24家。其中四川省44家、重庆市27家、云南省35家，比2011年分别增加18家、3家和3家。

三、区域内典型市场分析——以重庆为例

重庆市是我国四大直辖市之中面积最大的直辖市，紧邻四川省东部，重庆市属于国家中心城市、长江上游地区经济中心和金融中心，以及航运、文化、教育、科技中心，也是全国综合交通枢纽之一。

（一）市场概况

重庆城市经济状况不断向好的政策环境，为供给质量的提升与需求的扩展奠定了基础，总体上促进了重庆市出境旅游的发展。

1. 出境旅游规模持续扩展，主要目的地市场稳定

2012年1～11月，重庆出境旅行社组织出境旅游62.06万人次，同比增长84.13%，其中：出国游35.84万人次，同比增长129.47%；中国香港和中国

澳门游 20.58 万人次，同比增长 46.86%；中国台湾游 5.64 万人次，同比增长 38.54%。

2012 年，仅"五一"小长假期间，重庆全市共接待国内外游客 1330.77 万人次，同比增长 28.36%；旅游市场"揽金"62.59 亿元，同比增长 33.23%。据调研重庆中国国际旅行社、重庆黄金假期国际旅行社、重庆光大国际旅行社、重庆国际旅行社，2012 年四大旅行社出境业务量基本可达 20%~30% 的业务量增长，其中中国香港、中国澳门、中国台湾、东南亚市场稳定增长；日本市场趋于下滑态势，主要是受 2012 年中日"钓鱼岛"事件的影响。

2. 出境市场弃小逐大，向多元化发展

2012 年，据调研重庆市出境旅游主要目的地，主要集中于中国香港、中国澳门、中国台湾、东南亚、新泰马、韩国等周边国家和地区，各大市场均有所增长，其中邮轮市场、海岛游市场逐渐发展起来，成为新兴旅游市场。日本市场由于政治事件的影响，所占份额比往年明显萎缩，各大旅行社开始缓慢放下日本市场，把目光逐渐投向其他发展较快的市场。另外，其他目的地市场如美国、欧洲、非洲等出境市场份额增长较快，业务量均有所上升。在旅行社出境旅游类型中，因商务游反映效果良好，市场潜力大，其利润基本可达普通团利润的 10 倍，使其所占业务量不断增多，如重庆光大国际旅行社商务团业务量占其总业务量的 20%~30%。

（二）产业运行

1. 产业主体的基本特征

（1）产业规模保持增长势头。2012 年，重庆市具有出境游经营资质的国际旅行社 27 家，比 2011 年增加 3 家。在 27 家旅行社中，重庆海外旅业（旅行社）集团有限公司、重庆新世纪国际旅行社有限公司、重庆中国旅行社（集团）有限公司、重庆新亚国际旅行社、重庆长江国际旅游公司、重庆黄金假期国际旅行社有限公司和重庆假日国际旅行社有限公司等 7 家旅行社能够开展组团赴台湾旅游业务。

表 4–12　2007—2011 年重庆"五强"国际旅行社名录

年度	2007	2008	2009	2010（二强）	2011
"五强"国际旅行社	1. 重庆新世纪国际旅行社有限公司 2. 重庆市中国旅行社（集团）有限公司 3. 重庆新亚国际旅行社有限公司 4. 重庆长江国际旅游公司 5. 重庆海外旅业（旅行社）集团有限公司	1. 重庆海外旅业集团 2. 重庆新世纪国旅 3. 重庆中旅集团 4. 重庆长江国旅 5. 重庆新亚国旅	1. 重庆海外旅业集团有限公司 2. 重庆新世纪国际旅行社有限公司 3. 重庆市中国旅行社（集团）有限公司 4. 重庆长江国旅 5. 重庆新亚国旅	1. 重庆海外旅业集团有限公司 2. 重庆市中国旅行社（集团）有限公司	1. 重庆长江映象国际旅行社有限公司 2. 重庆易友国际旅行社有限公司 3. 中国旅行社总社（重庆）有限公司 4. 重庆新亚国际旅行社 5. 重庆黄金假期国际旅行社有限公司

（2）旅行社国内地位有所下降。通过对近六年全国旅行社业务年检情况通报的梳理，我们可以看出，重庆市旅行社在全国出境游市场的地位仍然不高，百强旅行社在全国的排名较 2011 年有下滑趋势（见表 4–13）。但是相较成都来说，重庆竞争力在不断提升，重庆、成都逐渐实现区域平衡、双核局面。

表 4–13　2006—2011 年度全国国际旅行社百强的重庆旅行社名录

许可证编号	旅行社名录	2006 年	2007 年	2008 年	2009 年	2010 年	2011 年
L–CQ–GJ00001	重庆海外旅业（旅行社）集团有限公司	11	7	7	10	48	11
L–CQ–GJ00017	重庆新世纪国际旅行社有限公司	22	17	68	28	–	86
L–CQ–GJ00010	重庆招商国际旅行社有限公司	19	19	–	–	–	–
L–CQ–GJ00009	重庆市中国旅行社	41	50	35	37	76	98
L–CQ–GJ00020	重庆中国国际旅行社有限责任公司	85	56	–	–	–	–
L–CQ–GJ00014	重庆新亚国际旅行社	–	80	–	–	–	–

资料来源：根据国家旅游局和中国旅行社协会网站公布资料——全国百强旅行社排名整理而成。

（3）出境旅游经营绩效增长明显、市场结构差别加大。2012年1~11月，重庆出境旅行社组织出境旅游62.06万人次，同比增长84.13%，其中：出国游35.84万人次，同比增长129.47%；中国香港、中国澳门游20.58万人次，同比增长46.86%；中国台湾游5.64万人次，同比增长38.54%。

2. 产业运行的基本态势

（1）出境旅游产业高度集中，但旅行社之间存在低层次、恶性的竞争，影响质量提升速度。2012年，重庆经营出境游新增国际旅行社3家，共计27家，其中可经营赴台湾旅游组团资格的旅行社有7家，分别是重庆海外旅业（旅行社）集团有限公司、重庆市中国旅行社（集团）有限公司、重庆新亚国际旅行社、重庆新世纪国际旅行社有限公司、重庆长江国际旅游公司、重庆黄金假期国际旅行社有限公司和重庆假日国际旅行社有限公司。

出境游市场需求井喷，经营绩效增长明显，但国际航班签证额度有限，燃油费居高不下，使出境市场竞争激烈。由于重庆出境旅游需求大，加之航线、使馆方面的优势，使之有能力与四川、云南等地争抢客源，因而大多旅行社致力于低价、掌控资源来争抢市场，旅行社人才自立门户增多。在这种情况下，整个行业层面在质量提升上缺乏动力，专注于区域甚至本市出境市场，无心也无力拓宽市场范围、走出本区、走向全国。

（2）旅游企业抵御风险方式多元化。《旅行社条例》、《旅游投诉处理办法》的实施以及《旅游法（草案）》的出台，一方面使旅游产品的质量得到保证、旅行社低价组团现象减少、赔偿有据可依，从而使出境游市场更加规范；但另一方面，又不能成为繁缛错杂的旅游赔付问题的解决大全，加之消费者对条例、办法以及草案的不了解，维权意识强烈，使旅行社在处理投诉、赔付方面面临的风险依旧不容忽视。此外，境外突发事件的不可预计，一直是旅行社经营风险中不可避免的。据调研，2012年，重庆旅行社行业在抵御风险方式上有了多元化发展。除了系统性措施——购买保险之外，在管理程序、合同签订、产品多元化方面更加细化、谨慎。在管理程序上，事前做好预案、把组团资料交予中国驻当地使馆，事中领队及时反映，并寻求政府、使馆帮助，事后积极与游客协商沟通。在产品设计方面，旅行社在小而专的基础上，产品设计更加丰富和多元化，从而规避突发事件对某一目的地市场造成的损失。在合同签订方面，旅行社在合同细则上力求详尽，从而在法律层面上有力地规避了风险。

（3）委托代理制继续成为市场扩展的重要工具。委托代理制的实施使代理主体范围扩大,行业门槛降低,一方面刺激散立社产品销售的积极性;另一方面,大旅行社不仅利用散立社扩大了自己的收客范围,并能利用散立社特有的客源市场,进行产品推销,形成品牌影响。因此,委托代理制实施以来,旅行社反应良好,积极寻求特别是二三线城市代理社,成为其市场扩展最简便的方式。但是在此过程中,也出现了代理社质量不一、不利于品牌建设、合同责任不明等问题。旅行社在从自身慎重选择代理社、进行合作业务培训、合同加押金等方式改进之外,还希望政府加大监管检查力度。

3. 产品开发与创新

(1) 海岛包机游出现井喷情势。2012年,重庆出境海岛游出现井喷状况,涉及的海岛主要有:马尔代夫、普吉岛、苏梅岛等近程海岛游,包机规模良好,几大旅行社整体同期增长可达100%。主要原因有两方面:一是出境海岛游较国内海岛游性价比高。由于国内物价上涨等因素使国内海岛游价格升高,基本与境外海岛游相当,且开通直飞航班使交通费用下降,加之身处内地的重庆人向往大海热情不减,从而催生了2012年海岛游井喷情势;二是境外接待能力增强,人民币坚挺,使游客花低价就能享受较国内更高标准的接待,从而整体感到物有所值,满意度较高。

(2) 高端市场持续升温,影响扩大。伴随重庆居民可支配收入的增加,出境游近几年的不断升温,居民已经越来越不满足于传统大串烧式的多国几日游的出境旅游产品和传统的境外目的地,高端自由行、特色产品市场增长迅速。大部分旅行社开始加大传统产品、线路之外的新线路设计,实力较强的旅行社踊跃尝试新兴目的地、自由行如自驾游、一国深度游等新产品,并针对其高端客户、当地大企业进行重点宣传推广,反响强烈,影响扩大。

四、区域内典型市场分析——以成都为例

成都位于中国四川省中部,是四川省省会,中国副省级城市之一,四川省政治、经济、文教中心,国家经济与社会发展计划单列市。

(一) 市场概况

1. 出境旅游市场继续保持快速增长

根据四川省旅游局对省内出境组团旅行社的统计,2010—2012年,四川省出境旅游市场规模如表4-14所示。

第四章 典型区域的发展特征
Chapter 4 Research on Major Tourist Source Markets

表4-14 四川省2009—2012年出境市场规模

年份	2010	2011	2012
出境旅游总人数	475 281	568 952	768 358
同比增长（%）	74.23	19.71	35.1

资料来源：四川省旅游政务网站。

根据四川省旅游局的统计数据显示，2012年，四川省出境旅游目的地前十名是：中国香港、中国澳门、中国台湾、泰国、韩国、新加坡、马来西亚、德国、法国、日本。2011年，四川省出境旅游目的地排名前十位是：中国香港、中国澳门、中国台湾、泰国、韩国、新加坡、澳大利亚、美国、日本、新西兰。2012年与2011年相比基本没有变化，只是日本的排位上升，美国和新西兰的排位有所下滑（见表4-15）。

表4-15 四川省2011年、2012年出境旅游目的地前十位排名

年份	2012			2011		
	国家和地区	人数（人）	同比增长（%）	国家和地区	人数（人）	同比增长（%）
出境旅游总人数		768 358	35.1		568 952	19.71
出境旅游目的地排名前十位	中国香港	189 575	47.4	中国香港	128 591	11.28
	中国澳门	128 923	51.9	中国澳门	84 870	22.75
	中国台湾	97 917	32.8	中国台湾	73 752	181.8
	泰国	92 177	69.8	泰国	54 291	-11.69
	韩国	39 414	67.7	韩国	23 499	-24.67
	新加坡	31 021	67.4	新加坡	18 533	-52.29
	马来西亚	22 851	120.8	澳大利亚	16 850	102.38
	德国	13 285	15.6	美国	14 028	593.08
	法国	11 736	20.1	日本	13 260	-60.82
	日本	11 303	-14.8	新西兰	12 148	116.62

资料来源：四川省旅游政务网站。

2. 经济社会持续向好发展

2012年，四川省实现地区生产总值（GDP）23 849.8亿元，按可比价格计算，比2011年增长12.6%，增速比全国平均水平高4.8个百分点。其中，第一产业增加值为3 297.2亿元，增长4.5%；第二产业增加值为12 587.8亿元，

增长 15.4%；第三产业增加值为 7 964.8 亿元，增长 11.2%。

（1）农业生产稳定。2012 年农林牧渔业增加值为 3 297.2 亿元，比 2011 年增长 4.5%。粮食产量增长 0.7%，实现六连增。油料产量 286.6 万吨，增长 2.9%。蔬菜增产 4.9%。茶叶增产 12.1%。林产品、畜产品、水产品的产量保持稳定增长。

（2）工业生产平稳。2012 年规模以上工业增加值比 2011 年增长 16.1%，增速比全国平均水平高 6.1 个百分点，比西部地区平均水平高 3.5 个百分点。2012 年工业产销率 98.2%，比 2011 年提高 0.5 个百分点。2012 年规模以上工业企业实现出口交货值 2 042.6 亿元，比 2011 年增长 42%，首次突破 2000 亿元。计算机、通信和其他电子设备制造业，电气机械和器材制造业，专用设备制造业的出口交货值总量居前三位，比例分别是 72.6%、3.1% 和 3%。

（3）投资规模扩大。2012 年完成全社会固定资产投资 18 038.9 亿元，比 2011 年增长 19.3%。

（4）消费稳定增长。2012 年实现社会消费品零售总额 9087.9 亿元，比 2011 年增长 16%，扣除物价因素实际增长 14.2%，比 2011 年快 1.3 个百分点。

（5）外贸进出口较快增长。2012 年外贸进出口总额 591.3 亿美元，比 2011 年增长 23.9%。其中，出口额 384.6 亿美元，增长 32.5%；进口额 206.6 亿美元，增长 10.5%。

（6）城乡居民持续增收。2012 年城镇居民人均总收入 22 329 元。

（7）金融、物价运行平稳。2012 年 12 月末，全社会金融机构人民币各项存款余额 41 130.8 亿元，比年初增加 6 397.9 亿元，比 2011 年末增长 18.4%。

（8）人口与就业形势总体稳定。2012 年年末，全省常住人口 8 076 万，比 2011 年年末增加 26 万。全省城乡就业人员 4 798.3 万，比 2011 年年末增加 12.8 万。

总的来说，四川省经济发展状况良好为省内居民的出境旅游提供了充分的物质基础保障，为该省出境游市场的发展奠定了良好的基础。

3. 发达空中交通网络促进出境旅游增长

2011 年四川省投入 30 亿元人民币加快成都机场二跑道和 T2 航站楼的建设，并与民航局签署了《关于加快四川民航发展的会议纪要》，在建设用地、资金投入、政策优惠上加以扶持。此外，成都市政府与中国国际航空股份有限公司、四川机场集团签署了战略合作协议,陆续投入 5 亿元用于机场建设,另外,每年拿出 5 000 多万元用于拓展国际和国内航线。灾后重建,进一步推动了成都与周边城市快速通道的建成,扩展了成都机场的辐射面。在省市政府政策、财务方面的大力支持下,成都空中交通发展业绩卓越,业务量显著提高,网络性加强。

2012 年 5 月,成都双流国际机场共发送旅客 251.25 万人次,同比增长 6.5%;当年 1~5 月,累计实现旅客吞吐量 1 242.06 万人次,同比增长 9.3%,仅次于北京首都机场、广州白云机场、上海浦东机场、上海虹桥机场,列居全国第五位。而成都在内地城市机场旅客的吞吐量排名方面,仅次于北京、广州、上海,稳居"航空第四城"。

2012 年 10 月,据统计,"十一"黄金周期间,成都双流国际机场共安全保障航班起降达 4 175 架次,平均每天进出港航班达 596 架次;航班起降数量同比增长了 5.8%;安全运送中外旅客达 56 万多人次,同比增长了 20.6%。

(二)产业运行

1. 产业主体的基本特征

2012 年,成都出境游组团规模保持稳定增长。根据国家旅游局 2012 年最新公布的经营出境游业务旅行社名单显示,2012 年,成都经营出境游业务旅行社共有 38 家,比 2011 年增加 12 家(见表 4-16)。其中,四川海外、四川中青旅、成都中青旅、四川康辉国旅等 6 家具备经营内地居民赴台湾旅游的资质。

表 4-16 2012 年成都市出境组团社列表

序号	旅行社名称	许可证编号
1	四川海外旅游公司*	L-SC-CJ00001
2	成都中国青年旅行社*	L-SC-CJ00002
3	四川省中国青年旅行社有限公司*	L-SC-CJ00003
4	四川绵阳国际旅行社有限公司	L-SC-CJ00004
5	九寨沟网络国际旅行社有限责任公司	L-SC-CJ00005
6	成都国际旅行社(集团)有限公司	L-SC-CJ00006
7	港中旅国际成都旅行社有限公司	L-SC-CJ00007
8	成都光大国际旅行社有限责任公司	L-SC-CJ00008

续表

序号	旅行社名称	许可证编号
9	四川省新东方国际旅行社有限责任公司	L-SC-CJ00009
10	四川康辉国际旅行社有限公司*	L-SC-CJ00010
11	成都海外旅游有限责任公司	L-SC-CJ00011
12	四川省中国旅行社	L-SC-CJ00012
13	成都天府国际旅行社集团有限责任公司	L-SC-CJ00013
14	成都市神州国际旅行社有限公司	L-SC-CJ00014
15	四川和平国际旅行社有限公司	L-SC-CJ00015
16	四川峨眉山风景国际旅行社有限责任公司	L-SC-CJ00016
17	四川西南铁路国际旅行总社	L-SC-CJ00017
18	成都熊猫旅游集团国际旅行社股份有限公司*	L-SC-CJ00018
19	四川绵阳假日国际旅行社有限公司	L-SC-CJ00019
20	成都携程国际旅行社有限公司	L-SC-CJ00020
21	四川和邦国际旅行社有限责任公司*	L-SC-CJ00021
22	四川恒信国际旅行社有限责任公司	L-SC-CJ00022
23	四川省长江国际旅行社	L-SC-CJ00023
24	四川百事通国际旅行社有限公司	L-SC-CJ00024
25	四川上航假期国际旅行社有限公司	L-SC-CJ00025
26	四川美丽华国际旅行社有限公司	L-SC-CJ00026
27	成都山水国际旅行社有限公司	L-SC-CJ00027
28	四川鼎龙国际旅行社有限公司	L-SC-CJ00028
29	成都新闻国际旅行社有限公司	L-SC-CJ00029
30	四川蓉之旅国际旅行社有限公司	L-SC-CJ00030
31	成都环球国际旅行社有限公司	L-SC-CJ00031
32	成都远东国际旅行社有限公司	L-SC-CJ00033
33	四川全球通国际旅行社有限公司	L-SC-CJ00038
34	四川岷山国际旅行社有限责任公司	L-SC-CJ00039

续表

序号	旅行社名称	许可证编号
35	成都招商国际旅行社有限责任公司	L – SC – CJ00040
36	四川长兴国际旅行社有限公司	L – SC – CJ00041
37	成都春秋旅行社有限公司	L – SC – CJ00043
38	成都中国旅行社有限公司	L – SC – CJ00044

注：带*的为经营内地居民赴台湾旅游的旅行社。

2. 产业运行的基本态势

（1）市场冷热不均，旅行社努力对接市场需求。日本市场一直以来是成都市的重要出境旅游市场，但由于2012年中日"钓鱼岛"事件的影响，游客纷纷取消赴日行程，给成都康辉国际、成都光大和成都中青旅等旅行社造成了巨大的经济损失。其中出境市场中损失最大的部分是在邮轮市场。为了弥补损失，旅行社普遍转移资源，迅速地把关注点聚焦到韩国市场、东南亚市场，以及中国香港、中国澳门、中国台湾市场，在一定程度上弥补了日本市场的损失。

（2）出境市场竞争渐趋白热化。随着重庆、昆明、贵州以及周边地区出境游市场的兴起，成都市出境旅游市场面临巨大的挑战。各旅行社都在紧锣密鼓地加大对出境旅游市场的宣传，出境旅游竞争日趋激烈。在此背景下，各个旅行社运用各种方式、方法提高自身的竞争优势，包括：提高线路产品的质量和服务、降低产品价格、运用电子商务技术手段、扩大销售渠道，等等。

（3）出境市场环境亟须改善，还需更多政策支持。政府在扶持入境旅游方面不遗余力，但对出境旅游市场的支持力度却明显不够。各大旅行社主要是通过批零兼营的发展模式，自行地与境外地接社合作来完成出境旅游。没有相应的政策扶持，旅行社在出境游方面会遇到很多经营方面的问题，旅行社渴望未来会有针对出境旅游的鼓励或奖励政策出台，并有效实施。

3. 产品创新，走向国际

据调研，2012年成都市海岛包机游、邮轮游、赴台湾个人游在火热进行中，而且已经由传统的观光型旅游向度假型、深度型旅游转变，游客在接待水平的要求方面有所提高。各大市场消费能力增强，尤其是高端产品市场，加之游客日益增长的自由行、定制化旅游产品需求，进一步促进了出境游市场产品结构多元化趋势的发展，年轻人开始倾向个性化；老年人倾向于深度游。比如2012年成都中国青年旅行社邮轮游量同期增长20%~30%，深度体验产品量同期增长20%；甚至境外会奖旅游，境外自驾游也在兴起，市场对此反应良好。

2012年，成都旅行社产品创新趋势明显，特别是高端、深度游产品的需求总体呈现快速增长。一方面，是居民消费支付能力提高，高端产品认可度提升；另一方面，传统产品市场竞争激烈、新兴高端产品利润高，产品创新还增加了旅行社产品丰裕度和抵抗风险的能力，从而使旅行社行业内产品创新达成共识。

成都市政府致力于开展国际旅游合作，加强与联合国世界旅游组织的密切联系，积极推进世界旅游组织在蓉设立联合国世界旅游组织旅游可持续发展成都观测点工作。2012年上半年，已完成实地考察评估，并签订了成都市观测点合作建设协议，于当年10月在成都正式成立并挂牌。

第五节 典型城市出境市场比较

本节根据调研资料，对北京、上海、广州、重庆与成都五个城市的出境市场消费特征进行对比分析。

一、出境游客的人文特征统计

（一）性别

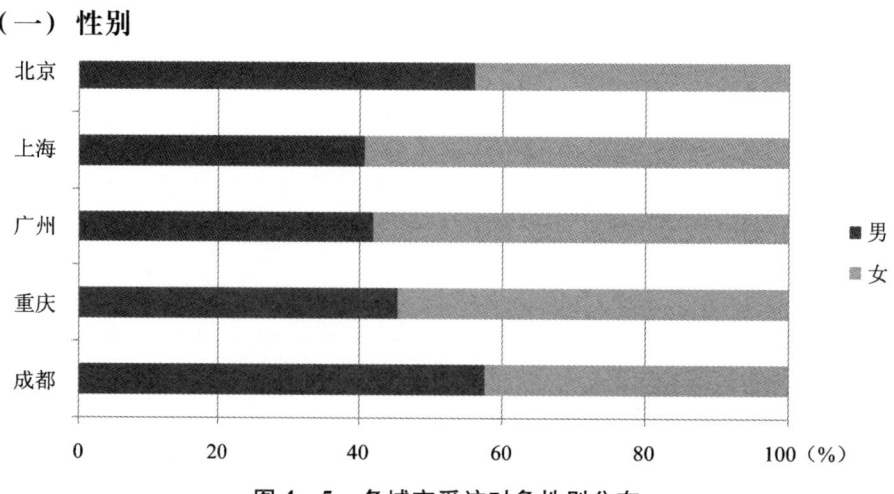

图4-5 各城市受访对象性别分布

（二）年龄

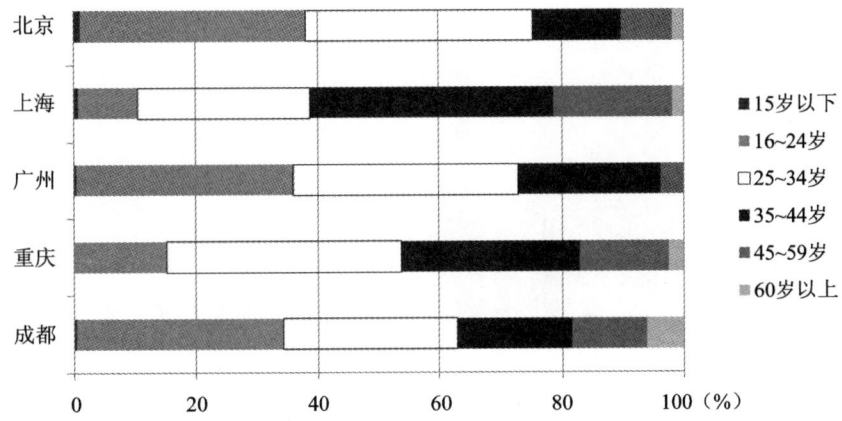

图 4-6　各城市受访对象年龄分布

（三）学历

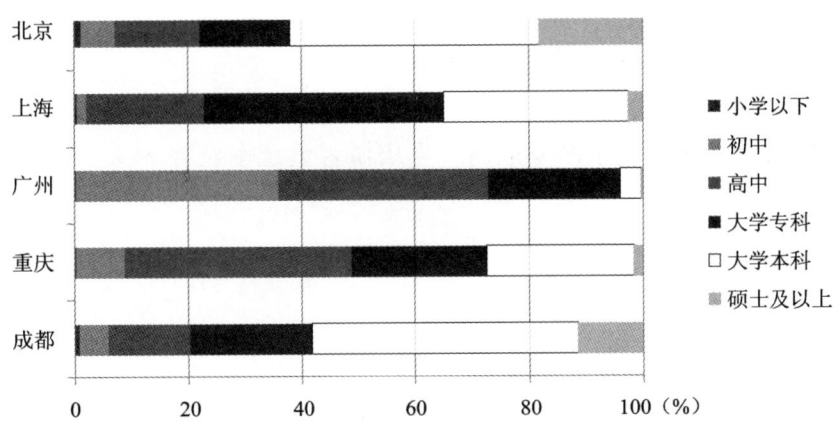

图 4-7　各城市受访对象学历分布

（四）个人月收入

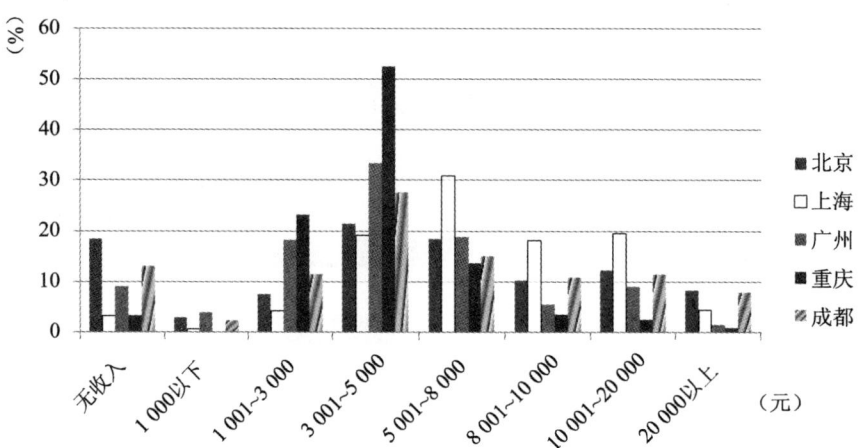

图4-8 各城市受访对象个人月收入分布

二、出境游客消费决策影响因素

（一）北京游客出境重游率最高，重庆游客重游率显著下降

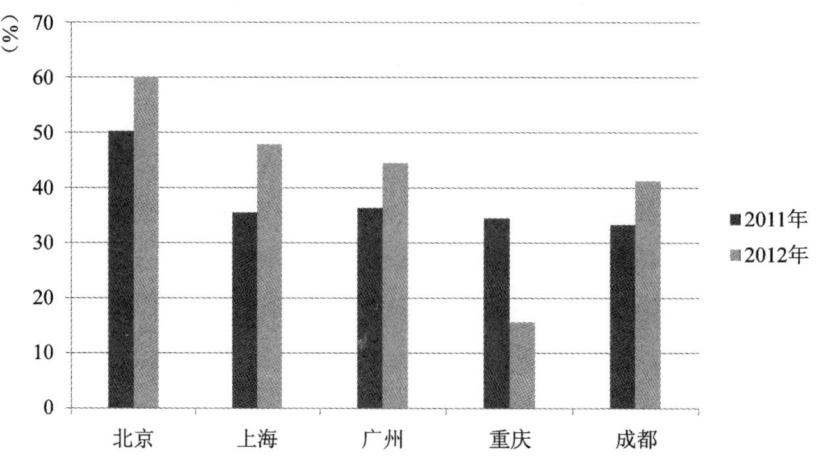

图4-9 各城市二次及以上出境游频率

第四章 典型区域的发展特征
Chapter 4 Research on Major Tourist Source Markets

（二）观光、休闲、度假为各城市游客出境旅游的主要动机，北京游客公务活动、商务会议、教育交流等出游特征较其他城市显著

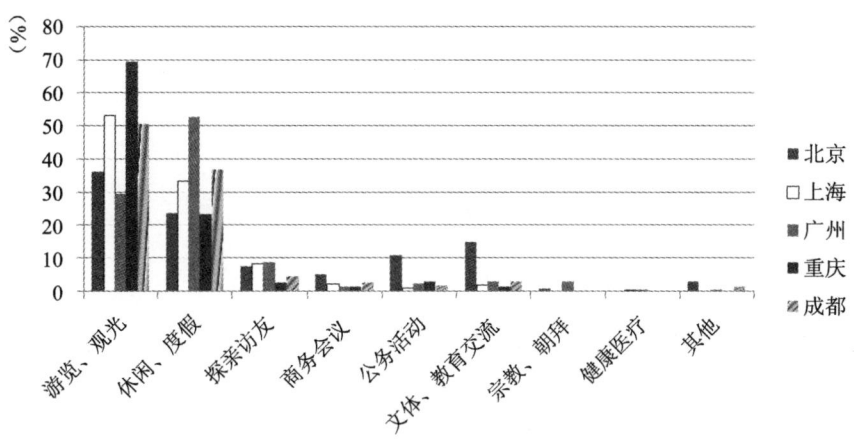

图 4-10 各城市出境游客的出境旅游动机

（三）重庆游客更关注旅游地的吸引力；上海游客对旅行费用敏感度较高，广州游客对旅游地的交通及住宿要求更高

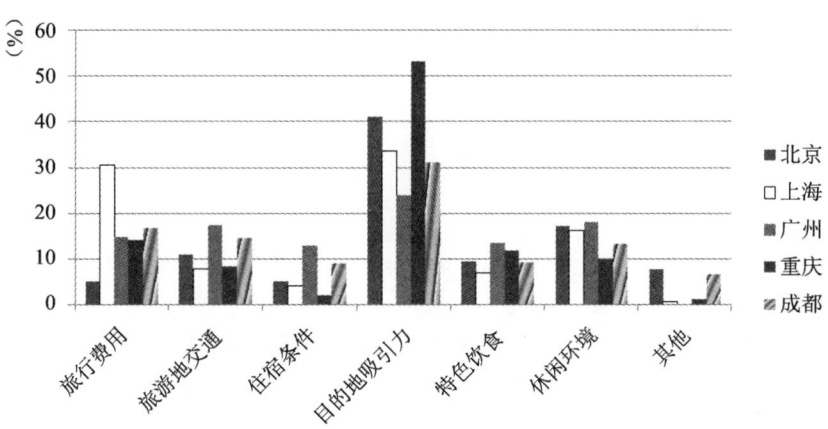

图 4-11 各城市出境游客出境最关注的因素

三、出境游客的消费决策特征

(一) 北京自助游游客比例依然居五城市之首;成都次之

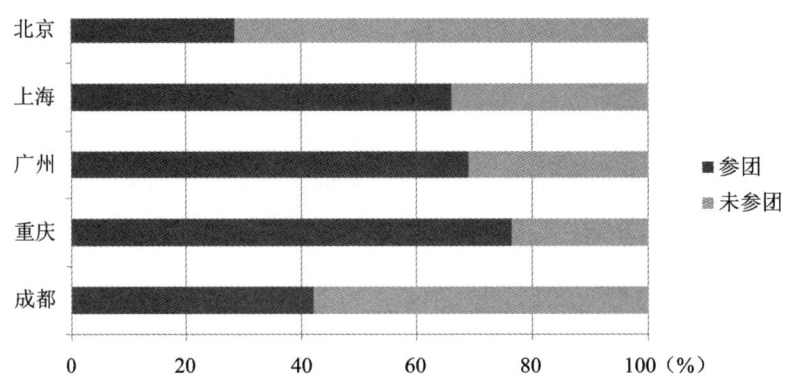

图 4-12 各城市出境游客出境方式的选择

(二) 上海游客对旅行社的品牌知名度、广告宣传更为重视;重庆游客对于参团的价格敏感度更高

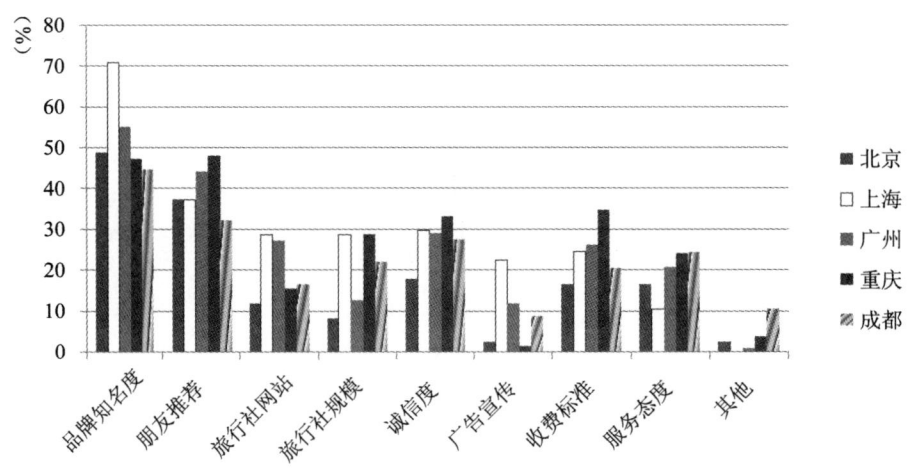

图 4-13 出境游客选择旅行社时关注的因素分布

(三) 网络媒体和亲朋好友依然是各城市出境游客获取旅游信息的两大重

要渠道，上海和重庆的游客对旅行社的依赖性较其他城市更强

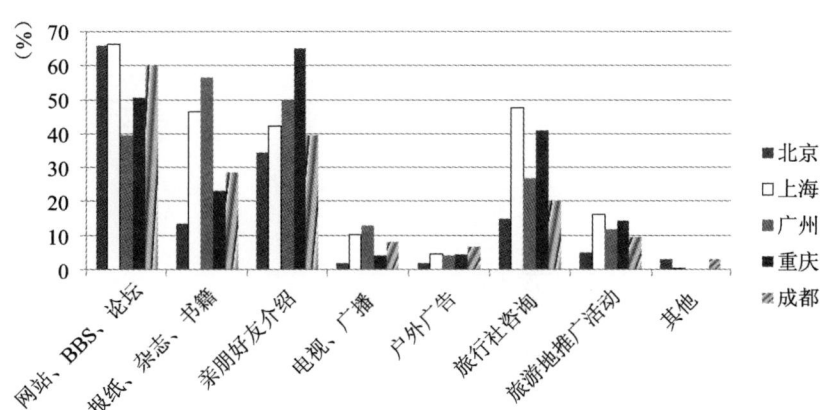

图 4-14　各城市出境游客了解旅游信息的渠道分布

（四）各城市游客几近半数都选择与家人出游；重庆游客更倾向于与好友同行；而北京游客则更偏爱独自出游

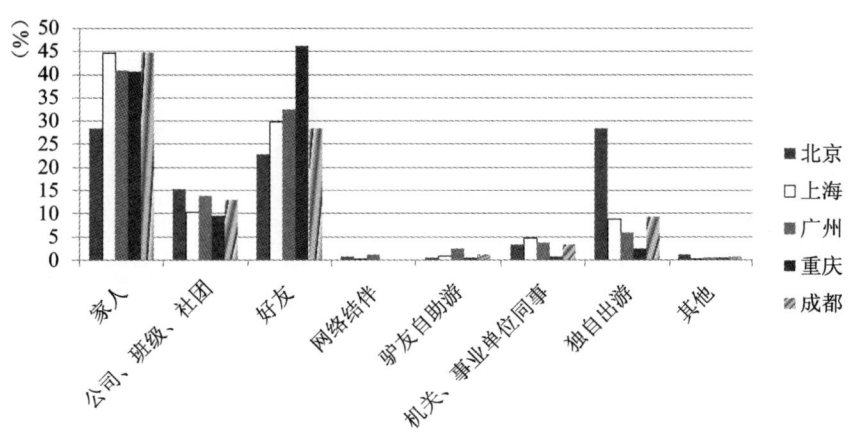

图 4-15　各城市出境游客出游结伴对象分布

(五) 中等价位酒店是各城市游客出游的住宿首选；而经济型酒店则为重庆游客所青睐

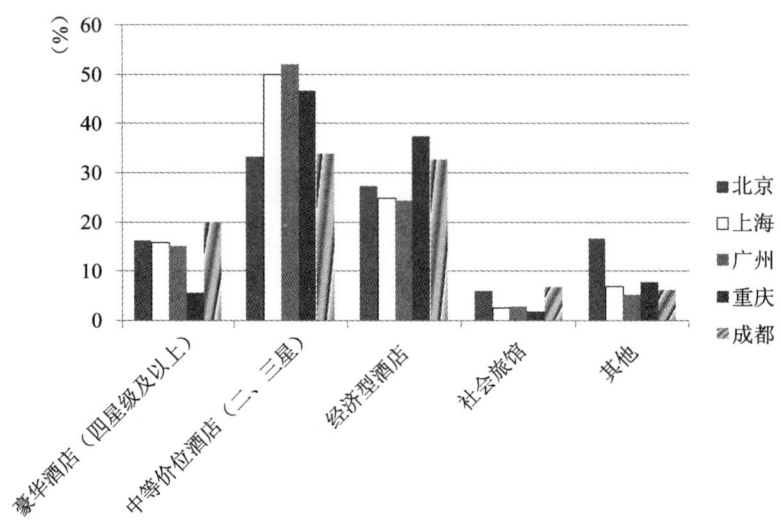

图 4-16 各城市出境游客住宿选择分布

四、出境游客的消费结构特征

(一) 北京游客出境消费水平最高

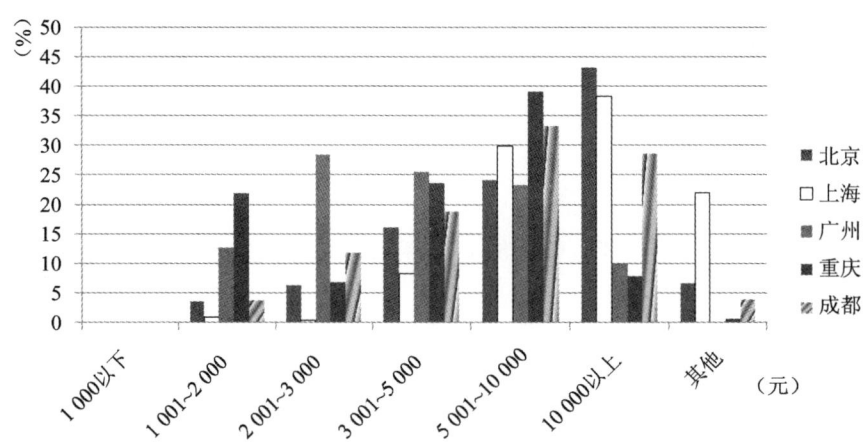

图 4-17 各城市受访出境游客人均花费分布

（二）上海游客自费项目消费最大

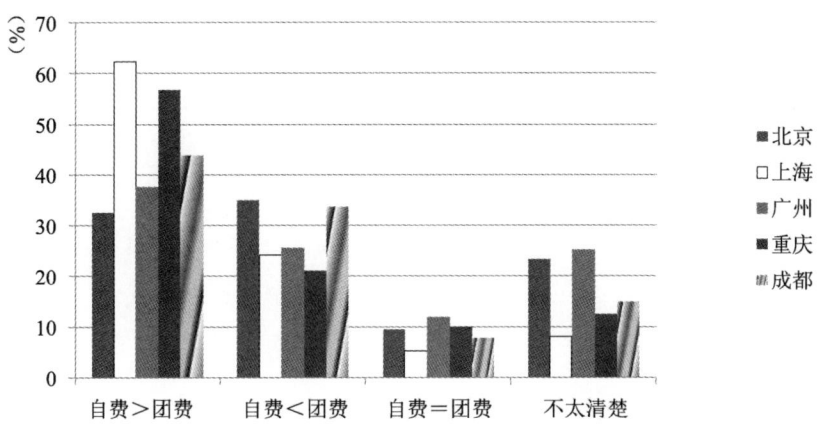

图 4-18　各城市受访出境游客自费与团费消费分布

（三）上海、重庆的游客较注重旅游购物体验；北京游客则追求交通以及住宿的品质；而广州游客较其他城市游客更富有文化娱乐精神

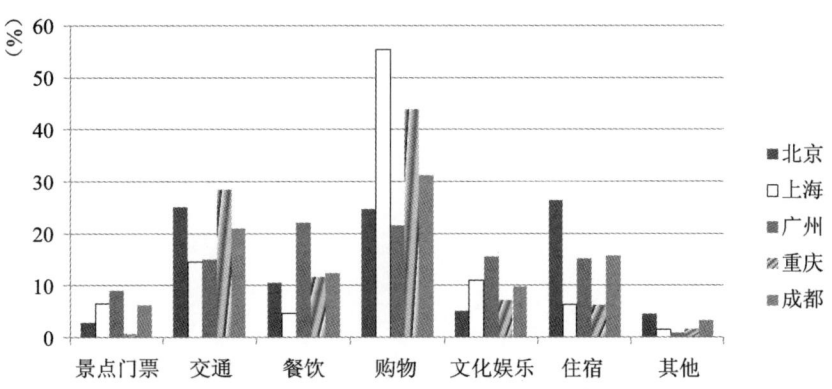

图 4-19　各城市出境游客旅游花费最高的项目分布

第五章

2013年我国出境旅游发展的趋势与建议

第一节　2013年我国出境旅游的发展趋势

出境旅游市场仍将保持快速发展态势。2012年年底，中央经济工作会议明确提出：以提高经济增长质量和效益为中心、保持物价总水平基本稳定等六大任务，将为2013年我国社会经济的平稳发展奠定坚实基础，进而将促进消费的信心，带动消费动能。尽管对逐渐扩大的中国旅游服务贸易逆差存有争议，但政策取向将会保持"有序发展出境旅游"的方针不动摇。尽管各种突发事件的发生概率仍然高企，但是正逐渐变得刚性的出境旅游需求只会出现区域、产品等结构性的替代，以避免突发事件的影响。当然，国内远程游的高成本也会促使一部分需求转向境外。出境市场仍将延续高速增长的趋势。预计出境旅游达9 430万人次，同比增长15%。出境旅游消费将实现1 176亿美元新高，同比增长20%。由于入境市场增速相对趋缓，旅游服务贸易逆差也将进一步扩大，预计将达683亿美元。

出境需求的分层将会进一步加速。中国出境旅游市场凭借人口红利与政策红利，已经在规模与消费能力方面位居世界前列。但与发达国家（地区）相比，由于发展阶段相对较短，发展程度还比较初级。出境游客中的大多数还是首次踏出国门。因此，以观光为主导的产品结构还会长期存在，价格主导市场的情况也将会在一段时期内长期存在。但是同时应该看到二次旅游和深度旅游的市场正在逐渐蓬勃发展。这部分市场将会更加注重旅游体验与品质。携程近年来进军出境游高端市场，以及众信国旅推动"U – MINITOUR"，凯撒国旅推出个性定制产品正是出于需求分层的积极响应。

产业的转型升级将借助客源与资本得以推进。由于出境市场的蓬勃发展，以及相对的毛利率高企，越来越多的旅行社将经营重点向出境游业务板块转移，同时收缩国内游和入境游的业务比例。这在一定程度上将为出境产业的发展带来更多的资金、人力、渠道等资源。与此同时，长期以来制约出境组团社发展的上下游资源整合能力，以及服务标准的提高将能够借助资本力量得以改变。无论是众信国旅将把募集资金用于实体营销网络的建设，还是华远国旅对于签证流程服务标准化的积极探索，都昭示着出境产业在渠道扩展、服务品质等方面的转型升级正在得到实现与突破。相信在充足资本的支撑下，新的一年，出境产业将会在商业模式创新方面进行更多的探索。

"营改增"将促进旅行社财务制度规范化发展。2012年7月25日召开的国务院常务会议，决定扩大营业税改征增值税试点范围，自当年8月1日起至年底，将交通运输业和部分现代服务业营业税改征增值税试点范围，由上海市分批扩大至首都北京，以及天津、江苏、浙江、安徽、福建、湖北、广东和宁波、厦门、深圳10个省（直辖市、计划单列市）。2013年继续扩大试点地区，并选择部分行业在全国范围试点。一方面，旅行社是典型的代收代付行业，营业税改为增值税，即税基由营业额回归至资本增值份额，且税率由5%降为3%，旅行社将获得较明显的减负，这对本就利薄的旅行社业而言无疑是一项长期利好之举。另一方面，旅行社经营中许多支出较为含混不清，特别是在带领游客在无法提供发票的小型餐馆就餐，或者承接会议时会务费用与旅游费用的区分等方面，营业税改为增值税将通过税收这一经济杠杆督促旅行社财务制度规范化发展。

第二节　我国出境旅游发展建议

一、政府主管部门需要正确看待出境旅游服务贸易逆差的扩大化

第一，正确看待旅游服务贸易逆差的扩大化。旅游服务贸易逆差属于趋势性的客观存在，随着国家富裕程度、三次产业演进，以及区域人口密度由低向高发展，旅游产业由创汇产业向耗汇产业转变的可能性也大为提升。德国2011年的旅游服务贸易逆差高达454亿美元。一些发达国家与发展中国家均存在较大的旅游服务贸易逆差。同时，旅游服务贸易逆差的产生也是有效缓解我国巨大贸易顺差，消减与我国主要贸易伙伴贸易摩擦的有效手段。可以说，出境旅

游在中国的迅速发展既是我国现阶段社会经济发展的必然结果，也是我国旅游经济体系走向平衡发展的开始，政策制定中需要正确认识对我国全球战略等方面具有的重要作用，不要轻易采取任何限制出境旅游发展的措施。

第二，出境旅游市场政策的调整要考虑正当性、可操作性和可能效应。我国出境旅游市场政策历经20世纪50年代至1983年对于出境旅游的严格控制，1983—1997年以香港、澳门"探亲游"与边境游为代表的尝试性发展阶段，1997—2005年主动引导出境旅游发展的适度发展阶段，2005—2009年以加强监管、提升品质为目的的规范发展阶段，2009年之后强调出境旅游综合效应发挥的有序发展阶段等发展阶段。从我国出境旅游的政策取向来看，中国出境旅游政策是基于不同时期经济发展水平，以及对国内外政治局势的科学研判，适应出境旅游不同发展阶段的要求适时调整的。可以说，出境旅游的市场政策是谨慎推进、有序放开的。出境旅游市场政策还事关入境旅游和出境旅游协调发展目标的实现和人民群众、特别是广大游客的满意程度。采取诸如出境旅游消费税等限制性产业政策，从局部、短期来看，似乎是合理的，但是从全局、长期的战略视角来看，不仅会违背世界旅游发展的宗旨与目标，而且可能引发新一轮的旅游贸易保护，更多目的地国家与地区的仿效将对中国的入境旅游发展造成不可预计的负面影响。

二、境外目的地与企业需要重视对中国市场的调研与评估

第一，要高度重视对中国市场的调研与评估。毋庸置疑，中国出境旅游市场仍然会保持高速增长的态势。但在规模快速扩容的过程中，出境游的主体正在悄然发生变化。出境游的客源产出主要集中在东部沿海地区的一线城市，随着区域发展的均衡化，中国的二、三、四线城市以及部分农村地区正在为出境旅游消费提供广阔的市场。中国游客的消费内容正在发生变化，越来越多的中国游客愿意尝试新目的地以及新产品。与此同时，游客的消费标准也在迅速提高。这无疑对目的地的发展提出了新的要求。为及时了解并掌握市场的变化，进行"自下而上"的市场调研与评估是一个有效的途径。这也是新加坡等旅游局加强对游客出境的消费意愿、行为以及营销绩效评估的重要原因。知道游客想什么，才能更好地指导目的地的相关行业做什么。

第二，要高度重视二、三线市场的机会。北京、上海、广州等大城市的人

口规模已经与一些国家相当，而部分二、三线城市，特别是城市群，也拥有庞大的人口规模与惊人的消费能力。如包括南充、绵阳等城市在内的成渝都市圈，汇集了近亿的城市人口。西安、大连、厦门、青岛等不少二线城市已拥有庞大的航空出入境客流，足够支撑起每日一班的国际航线。企业对市场变化的反应是最直接的。不仅凯撒国旅已经在天津、哈尔滨、长春、大连、石家庄等地设立了销售型分公司，众多航空公司也重视开航二、三线城市，芬兰航空开通了重庆至赫尔辛基的直飞航线，汉莎航空已开通南京至法兰克福航线，荷兰航空开通了成都、杭州至阿姆斯特丹的航线，香港港龙航空公司也将于2013年年初开通每日一班的香港至温州航班。澳大利亚旅游局更是将中国的二线城市定位为发展中国出境旅游市场十年计划的主攻目标。

第三，要提供更加多元化的产品。经过多年的发展，中国出境游客的消费观念已经发生明显转变，市场需求结构在不断变化中。越来越多的客人开始追求高品质的旅游产品，乃至个性化、定制化的旅游产品。可以说，出境旅游市场正处于一个转型升级的新阶段。对于出境游目的地而言，如何顺应市场持续更新旅游产品是获得市场认同的关键。以台湾为例，2012年1月台湾开放内地民众赴台湾体检及医学美容后，虽然台湾与内地的医疗机构在硬件水平上相差无几，但针对内地游客的需求，台湾医疗机构更注重用户体验和服务质量，医疗旅游渐成内地赴台湾旅游的新增长点。据台湾对外贸易发展协会统计，截至2012年第三季度，台湾共接待6万包括内地游客在内的外来游客到台湾使用医疗服务，其中使用健康检查、美容服务的人数约占三成。

三、旅游企业需要认识到服务提升与品牌构建才是赢得市场的关键

第一，不要过于相信渠道的力量。最近出境旅游产业渠道的力量得到重视，但似乎被过于夸大。有观点认为，未来最重要的不是产品，不是技术，而是渠道。渠道的价值当然不会被忽视，但是服务水平的提升与创新永远是满足用户需求的关键。享受着中国的人口红利，以及政府一直以来没有限制出境旅游政策红利的企业需要思考的是，旅游的本质是什么？旅游的本质是服务。出境旅游作为一个频次极低的活动，低到游客对每次出行都无比重视，这注定了游客对品牌的高度重视，对服务的依赖，这也注定了"服务"是旅游企业最核心的

本质。旅游归根结底是第三产业，实际上是服务业。旅游服务才是旅游产品最主要的属性，旅游企业出售的主要是服务：通过服务产品的提供获得收入，实现旅游企业获取利益的目标。这才是旅游领域商业模式的本质。无论是大做广告、广设门店，还是提供一个更有效率的预订平台，如果看不清出境游发展的本质，那终究无法成长为这个行业的巨人。

第二，不能被资本市场牵着鼻子走。在将出境组团社做大的过程中，引进资本似乎是快速扩张发展的不二法门。然而，资本天生是逐利的，必然有对企业发展的相关要求。因此，在选择投资者时，不应仅仅看中钱，而应该更多地考虑在企业的发展中，不管在营销渠道，在品牌、资源整合、服务提升等方面，对企业进一步发展有没有好处，而不是简单地引进投资者。在引入投资后，并不能够失去主导能力。出境游企业应该让资本服务于企业的发展目标，而不是被资本所奴役。出境游企业在解决资金问题后，甚至是资金本来就没有问题的前提下，如何更好地整合资源，发掘新的增长点，才是经营者应该考虑的重点。一方面，更要充分利用好资本。例如像华远国旅所做的那样，利用各种手段，包括精细化运营、提高能效以及一些其他环节，将企业进行精细化转型。另外，中国政府的战略是鼓励有条件的企业走出去，企业应该敢去想，也应该敢去做。可以充分利用当前国际上有些机构经营不善的机会，利用自己的资产、价值在不断提升的时候打好这张牌，真正做到利用全球资本市场，实现突破性的增长。